# The First Texas Independence, 1813

Don José Bernardo Gutiérrez de Lara Uribe successfully led the first drive for Texas Independence, 1812-1813. He then served as the first President of Texas (April-August 1813).

# The First Texas Independence, 1813

## (La primera independencia de Tejas, 1813)

# José Antonio López

**To order additional copies of this book, contact:**
Xlibris Corporation
1-888-795-4274
www.Xlibris.com
Orders@Xlibris.com
133677

# CONTENTS

# Appendices

# List of illustrations in front of book:

# DEDICATION

In memory of my mother,

Maria de la Luz Sánchez Uribe de López.

Mom, thanks for your inspiring leadership.

# ILLUSTRATIONS

## Our Uribe and Gutiérrez de Lara Family Tree

Don Felipe Uribe (1666-?) –
Doña Maria Treviño de Uribe (1669-1755)

(*) Don Francisco Javier Uribe (1703-1769) –
Doña Apolinaria Bermudez de Uribe (1710-1771)

Don Joseph Santiago Gutiérrez de Lara –
Doña Maria Rosa **Uribe**
(3 sons: José Antonio, José Bernardo, José Enrique)

Don José Luis Uribe (1735 – ?)
Doña Magdalena **Gutiérrez de Lara** de Uribe (1737-1802)

Don José Dionisio Uribe (1775 – 1823) –
Doña Ignacia **Gutiérrez de Lara** de Uribe (b. 1783)

(**) Don José Bernardo Gutiérrez de Lara (1774-1841) –
***Doña Maria Josefa **Uribe** (1774 -1841)
José Angel
Maria Eugenia
José Sinforiano
José Januario
José Ladislao
José Alejo

Don Blas Maria Uribe (1811 – 1895) –
****Doña Juliana Treviño de Uribe (1809 - ?)

Don José Dionisio Uribe (1844 – 1915) –
Doña Olaya **Gutiérrez** de Uribe (1857 – 1938)

Don Ignacio Sánchez (1887 – 1947) –
Doña Dolores Uribe de Sánchez (28Jul 1886-30 May 1920)

Doña Maria de la Luz Sánchez de López (1914 – 1992) –
Don Juventino López (1910 – 1975)

José Antonio López (1944 - ) –
Cordelia Dancause de López (1947 - )

Brenda Jo López de Gainey (1969 - ) –
Michael Gainey (1972 - )

(*) First Generation in Texas (1750)
(**) First President of Texas, April 6, 1813
(***) Maria Josefa Uribe Gutiérrez de Lara : First Texas First Lady
(****) Juliana, daughter of Jesús Treviño & Viviana Gutiérrez de Lara
(Viviana & Ignacia were sisters)

*"PAZ Y LIBERTAD, OBREMOS"*

# Building Blocks of Early Texas History

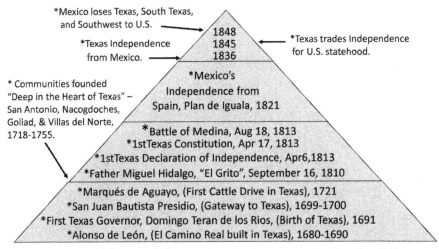

*Mexico loses Texas, South Texas, and Southwest to U.S. → 1848

*Texas Independence from Mexico. → 1845 1836 ← *Texas trades Independence for U.S. statehood.

*Mexico's Independence from Spain, Plan de Iguala, 1821

* Communities founded "Deep in the Heart of Texas" – San Antonio, Nacogdoches, Goliad, & Villas del Norte, 1718-1755.

*Battle of Medina, Aug 18, 1813
*1stTexas Constitution, Apr 17, 1813
*1stTexas Declaration of Independence, Apr6,1813
*Father Miguel Hidalgo, "El Grito", September 16, 1810

*Marqués de Aguayo, (First Cattle Drive in Texas), 1721
*San Juan Bautista Presidio, (Gateway to Texas), 1699-1700
*First Texas Governor, Domingo Teran de los Rios, (Birth of Texas), 1691
*Alonso de León, (El Camino Real built in Texas), 1680-1690

Notes: Captain Alonso Álvarez de Piñeda was the first explorer to map Texas Coastline, 1519. Alvar Nuñez Cabeza de Vaca and three shipwreck mates traveled throughout East, Central and South Texas mostly as captives of several indigenous tribes from 1528-1536.

Source: Tejano Learning Center, LLC, 2009; www.TejanosUnidos.org

# Texas in New Spain and Mexico (1519–1848)

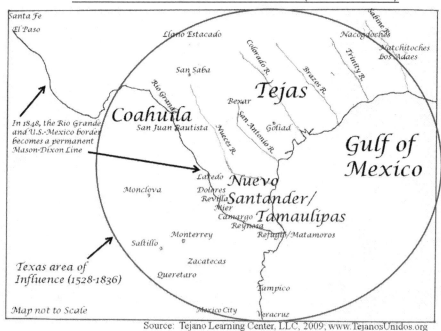

Santa Fe
El Paso

Llano Estacado

Nacogdoches
Natchitoches
Los Adaes

Colorado R.

San Saba

Brazos R.

Trinity R.

Tejas

Rio Grande

Coahuila

Bexar

San Antonio R.

San Juan Bautista

Nueces R.

Goliad

In 1848, the Rio Grande and U.S.-Mexico border becomes a permanent Mason-Dixon Line

Gulf of Mexico

Monclova

Laredo
Dolores
Revilla
Mier
Camargo
Reynosa

Nuevo Santander/ Tamaulipas

Refugio/Matamoros

Saltillo

Monterrey

Texas area of Influence (1528-1836)

Zacatecas
Queretaro

Tampico

Map not to Scale

Mexico City
Veracruz

Source: Tejano Learning Center, LLC, 2009; www.TejanosUnidos.org

# El Camino Real

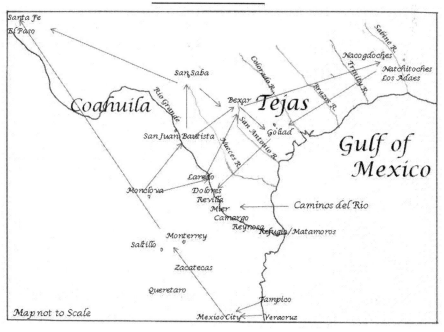

# PREFACE

There were seven flags over Texas.
The green flag—it is the first flag of Texas independence.
It is the spark that lit the revolt for liberty in our state.

It started as a gentle glow of a peasant's lantern. Then, it expanded to a beacon's potent light; beckoning Don Bernardo led his army in answering the call for freedom.

It was not a flag of conquest, but a flag of self-rule.
It was not a flag to build an empire, but to end an unjust one.
It was a precious flag, wrapping those who carried it with the ideals of equality.

It was the first breath of a new life,
    the first step of a long journey,
        the sign of a new beginning.

It is the green flag, the first flag of Texas independence.

# INTRODUCTION

M Y MOTHER GREW up in San Ygnacio, Texas. She was very proud of her strong pioneer ancestry. It went back to the time that Texas was part of New Spain. She liked to say that it was proof of her cowboy roots. Also, Mother loved to share the fact that her father was on a trail drive when she was born. She would sing to us the old trail driver songs that served as oral chronicles. In other words, cowboys recorded the key events of long and tough cattle drives in song. On their return, they sang their new songs to let family and friends know how the journey had gone.

She was a great teller of stories. As such, she would entertain my brothers and me with stories of our ancestors that she had heard when she was growing up. Her face would shine with pride when recounting their adventures. She would often include the phrase "Es tu herencia sin igual" (It is your heritage without equal). I still have vivid memories of most of the stories she told us. Still, three of them are etched in my mind to this day.

The first one deals with the critical turning point in our family's history in South Texas. In 1822, Mom's great great grandmother, Dona Ignacia Gutiérrez de Lara Uribe, a widow, and her two surviving young children (brothers, Blas Maria, age eleven; and Juan Martin, age nine) moved from Guerrero (Revilla) across the Rio Grande to present day Zapata, Texas. At the time, the Rio Grande was not a political border line as it is today. Rather, it was a local river that Spanish Mexican families had settled on both sides starting in 1750.

It was a major move, since Dona Ignacia crossed the Rio Grande from Guerrero with no one else's help. She did it on her own. Making her brave stand in the middle of the South Texas brush country, she fought off constant Indian raids on her own. She braved droughts, storms, and other hardships. She was able to survive and thrive. Facing the unknown with a firm hand, she set up Rancho Uribeño. It was here that with her faith and will to succeed; she was able to raise her two boys.

Of special note is the fact that Blas Maria, my great great grandfather was a great success. He became a businessman, merchant, and a leader in the community. He relied on the work ethic of his mother. He operated a number of livestock enterprises, including a freight business. His rancho was a well known and important stop on El Camino Real de los Tejas. The Camino ran from Monclova and points north all the way to the Louisiana border.

The second story involves two of our earliest ancestors. In 1815, cousins Cosme Martinez and José Villarreal, both born in Revilla, were captured by Comanches. On their way to be sold as slaves to another tribe, they escaped their captors near present day Austin. They had to travel at night. Using the stars as their guide, they made it safely back home. José, a self taught astronomer, built the sundial atop the gate of the Jesús Treviño House (Fort) in San Ygnacio, Texas. The sundial still tells the time today after so many years.

The Treviño-Uribe Fort still stands today. It is our ancestral home. It was the first stone residence in the area. It is a fort like home with thick, massive walls that is named a Texas state historical site. Our ancestors and their neighbors gathered here during emergencies, such as sieges by unfriendly Indians and bandits.

As children, we would marvel at the old building. We were awed by its sundial. It was the only one of its kind we had ever seen. We would stand by the sentry post next to the gate. We rested a long wooden stick on our shoulders meant to be a rifle and yell out "quien pasa?" (Who goes there?) We took turns pretending to be the sentry. We peered through the "troneras" (peep holes) through the thick walls by which the defenders fired their weapons at intruders. We imagined how daring it must have been in those early days for our pioneer ancestors. (See appendix 5).

The third story concerns Don Bernardo Gutiérrez de Lara Uribe. Of course, that is the basis of my story. My mother never missed an opportunity to remind us to be proud of our ancestor, Don Bernardo.

JOSE ANTONIO LOPEZ

Inspired by her stories, my brothers and I would often play a game. Wielding wooden sticks in the air we pretended they were swords. One of us would imitate Don Bernardo leading his troops in battle. I must say that my brothers and I took a lot of kidding. Our friends in the neighborhood thought we were making it all up. The same happened when we played the game in the school playground. They had never heard of Don Bernardo. It didn't matter. To us, he had been a real person. We were proud to be related to him.

My mother was right. We do have a legacy without equal. I grew up hearing these and other inspiring family stories. I knew also that I was not alone. Many other Spanish Mexican kids all across from Texas to Colorado and on to California heard the same oral stories of valor. From their parents, they also learned about the will to survive. Sadly, our classroom history books did not offer much on our pioneer ancestor stories. That is what made the oral stories special. That is the only way most of them have lasted the passing of time.

However, I did not set out to write Don Bernardo's story to fill in that gap. That is a major job that is best handled by serious future historians. Rather, I wrote my story due to current events. As a result of the loud immigration hysteria now sweeping the country, I am very concerned that some U.S. citizens are making a mistake. They equate pride in our centuries old Spanish Mexican heritage in the U.S. Southwest with recent arriving immigrants. Unfounded fear is further made worse by the claim by short sighted politicians and others that making English the official language is the answer. In a strange way, it is amusing when you think that some of these people live in states with Spanish names, such as California, Colorado, and Texas.

Many people are not aware of our long history in Texas and the U.S. Southwest. Some citizens wrongly believe that recent immigrants created our Spanish speaking barrios in the U.S. Southwest. Others question our patriotism and loyalty when they hear us speak Spanish and observe our distinctive culture. They don't understand that we speak Spanish because we are proud of our heritage. Most of us also speak English very well. Some of us may live in areas where Spanish is often spoken, but we are also proud to be part of our nation's diverse fabric. We have always answered the call to defend our country. The bravery and loyalty of

Spanish Mexican U.S. citizens in our armed forces is well documented, but that is another story.

In short, I wrote my story about Don Bernardo's life as a way to put a face on pre 1836 Texas history. I want to show that our Spanish Mexican ancestors were real people. There is so much that the average citizen does not know about our unique history. As such, I expect my story will help those citizens who want to learn more about certain unique aspects of our state and the Southwest.

For example, with any luck, they will learn answers to questions, such as,

Why do some citizens in Texas and in the Southwest speak Spanish at home?

When and why was the fight for Texas independence initiated? Who lead the first battles?

How are the Mexican states of Coahuila and Tamaulipas related to Texas history?

Why is it that so many cities and towns in Texas and in several other U.S. states have Spanish names?

How old are these places? Who built them?

How did the vast Southwest region become a part of the U.S.?

As a matter of fact, the last question is the key. Its answer will clarify the confusion that exists today. The Spanish Mexican culture in the U.S. Southwest is special. It is the only region that was an integral, cohesive part of a sovereign nation, Mexico. It already had a sense of community with its own laws, rules, and regulations. It had strong, organized production and trade systems. Said another way, Texas and the Southwest states are part of "Old Mexico." No other U.S. area can claim this feature.

Our ancestors built our heritage through several generations. Then, the large slice of Mexican northern territory where they lived became part of

JOSE ANTONIO LOPEZ

the U.S. Southwest states. Simply stated, our Spanish Mexican ancestors had no say in the matter. They just "came with the real estate."

That is why Spanish is all around us. It is in the name of our states, cities, and towns. Also, it is found in everyday culture, such as the very nature of the Southwest. It was our pioneer ancestors who first set up its music, developed its food, and built the ranch and cowboy way of life. In reality, this many come as a surprise to some people. However, in truth, the U.S. Southwest is similar to Quebec in Canada. That is because the descendants of the Spanish Mexican people of the Southwest still speak Spanish. We celebrate our culture and customs. We do so because after all, we are the descendants of "New Spain" and not "New England."

Finally, our Tejano ancestors were part of the larger group of Spanish Mexican settlers of an area greater than many countries in the world. They settled an area stretching from the Gulf of Mexico across the plains, through the Rockies, and on to California. They raised families, built homes, roads, and communities. For generations, they faced many challenges. They used skill and drive to survive. In short, our Tejano pioneer ancestors were special people. As Dr. Andres Tijerina says in his book *Tejano Empire*, "*A hearty stock of people who . . . developed a distinctive identity noticeably different from the people in the interior of Mexico.*"

For the most part, our ancestors are missing from history books. Yet, their footprints are appearing again. That proves that they were real. That is why their stories, such as Don Bernardo's, must be told. There is no better way to preserve our history.

With a deserved sign of respect for our ancestors, I wrote this short story. With luck, it will serve as an education tool for those who wish to learn more of our Spanish Mexican culture in the U.S. Southwest. In my view, Don Bernardo's magnificent legacy is proof of the fundamental role Tejanos played in building this great place we call Texas.

Jose Antonio Lopez, Author

Sundial above main gate of Trevino Uribe Fort, San Ygnacio, Texas.

Spanish Mexican ancestral homes in San Ygnacio, Texas.

# I

# Early Life in Revilla

DON JOSÉ BERNARDO Maximiliano Gutiérrez de Lara Uribe is a true Texas hero. Don Bernardo was born in 1774 in the town of Revilla (see note at end of this chapter). It was a town in the province of Nuevo Santander, New Spain, on the southern bank of the lower Rio Grande. (Nuevo Santander is now known as Tamaulipas, Mexico. Descendants of Revilla now live in the Guerrero, Tamaulipas, and Zapata, Texas community.)

Don Bernardo's parents were Joseph Santiago Gutiérrez de Lara and Dona Maria Rosa Uribe. He was one of three brothers. The other two were José Antonio and José Enrique. Don Santiago was well to do. So, young Bernardo grew to up tending to his father's ranching business. He married a childhood friend, Maria Josefa Uribe. Young Bernardo took over the vast Gutiérrez de Lara rancho when his father died. This allowed him to better his skills as an expert horseman. He was always trying to find ways to improve his rancho.

Don Bernardo was a loving family man. He lived at ease as a rancher and merchant in Revilla. Life was good. However, unfair Spanish Crown policies greatly troubled him. The unjust laws made him restless. Spain had enacted several laws favoring the *Gachupines* (Spanish aristocracy in Mexico). These acts caused economic and social injustice for Creole citizens. Creoles were of Spanish blood but were born in America. They did not enjoy the rights of the upper class. Things were bad for Creoles. However, they were far worse for mestizos and Native Americans who lived in dismal conditions. That also concerned him.

Such common unjust acts by the Spanish Crown nearly cut off Creoles from having a voice in their own economic and social affairs. In 1804, Spain passed the *Consolidacion de Vales Reales* law, giving the Crown the right to demand immediate payment of all debts. That was the last straw for Don Bernardo. He began to slowly harness the rage building within him. He was only waiting for the right moment to do something about it.

*Note:* You can't find Revilla (now Guerrero) on a Texas map. However, political boundaries of that time looked very differently than they do today. So to get a better understanding of the story, the following summary of this geographic area's interesting history is provided.

The town of Revilla was established in 1750. It was one of the *Villas del Norte* established by Don Jose de Escandon, founder of Nuevo Santander in what is now South Texas. (See illustration 2.) Because Revilla's limits extended across the Rio Grande, pioneer families from Revilla (Old Guerrero) also started towns on the north side of the Rio, such as Laredo, Dolores, and San Ygnacio in Zapata County, Texas. As first set up, Nuevo Santander's north border was the Nueces River. It is just south of present day San Antonio. After Mexico's independence from Spain, Nuevo Santander was renamed Tamaulipas. After the U.S.-Mexican War of 1848, the territory from the Nueces River to the Rio Grande was taken from the Mexican state of Tamaulipas and added to Texas. As such, the word "Tejano" is used in the story to refer to the original Spanish Mexican settlers and their descendants of the geographical area we now know as "South Texas."

# New Spain History Heroes

Don José de Escandón, 1700-1770

General Bernardo Gálvez, 1746-1786

## Soldier in 1700s Texas (New Spain)

A Compañía Volante on a mission in early Texas (c. 1821).

Source: "Tejanos and Texas under the Mexican Flag" by Dr. Andrés Tijerina. Illustration *"Sobre la huella"*, by Theodore Gentilz.

Don Blas Maria Uribe (1811-1895) operated a freight business in Dolores on the northern side of the Rio Grande. His station was a key stop in the Camino Real from Monclova and points north.

# Assignment of Villas del Norte Porciones

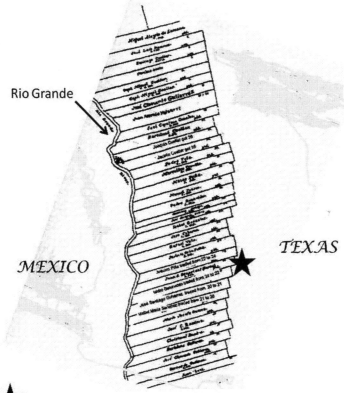

Rio Grande

MEXICO

TEXAS

★ = Porción of Joseph Santiago Gutiérrez de Lara in what is now Zapata, Texas.

# II

# The Call to Duty—Answering the *Grito*!

A S A YOUNG man of eighteen, Don Bernardo had already proven his skill as a leader. He headed a posse to hunt down Indian bandits who had stolen cattle from area ranches. His party killed the gang leader. They got back most of the lost cattle and returned the animals to the proper owners. He was very much focused on getting the job done. He showed such prowess as an organizer, that he earned his place as a leader in Revilla. However, he was ready for a bigger role in bringing change in a bigger scale. A mature man in his thirties, he was like an impatient young soldier in training waiting for orders. Yet, orders from where and from whom? His eagerness to act would soon be rewarded.

Somewhere else in Mexico, the tempo of a pueblo priest's sermons from the pulpit had reached a boiling point. His name was Father Miguel Hidalgo. The outspoken priest could take the Spanish injustice no longer. He sided with friends who believed that independence was the only way. In that manner, he became a leader of the rapidly growing masses of Creoles and peons.

On September 16, 1810, Father Hidalgo relied on his strong faith in God. That was the only thing he had plenty of. As such, Father Miguel Hidalgo launched his revolt with a *grito* (call) to arms. "*Viva la Virgen de Guadalupe! Viva la independencia! Viva Mexico!*" Included in the now famous decree was the phrase "Long live Ferdinand VII". He was the deposed King of Spain whom Napoleon had kept under house arrest in France. The Mexican people believed that King Ferdinand was coming to America (New Spain) to lead the rebel army. Sadly, the rumor was not true.

Hidalgo's army of poor peasants routed the royalists at the towns of Guanajuato and Guadalajara. They were on the march. The call to arms by the padre was a powerful alert to Mexicans and citizens in Texas of that day. It was the same as the Ride of Paul Revere was to the colonists in the United States. Its fiery emotion stirred the souls of all Creole and Indian citizens. Their day of true freedom was at hand.

They fought hard, just as the weaker colonists in the United States had revolted against their British rulers. Just as in the U.S., Mexican citizens had had enough of the Spanish unfair laws. So, the Creoles and peasants began their fight to end Spanish rule. Thus, Don Bernardo gave up his safe and secure rancho to answer the grito. He was not afraid to fight against the superior force of the mighty Spanish Crown. He wanted liberty.

Imitating popes of ancient times, the saintly Father Hidalgo was noticeable in the front lines. In that way, he led his poorly equipped troops in battle. Together with his military leaders, among them, General Ignacio Allende, Father Hidalgo was campaigning in the Northern provinces. It was at this time that the thirty seven year old Don Bernardo took the initiative to offer his services in person.

In March 1811, with the same serious vow of a knight from the Middle Ages, Don Bernardo offered his gun, sword, and possessions. He pledged his total support in the name of justice. He also read to Father Hidalgo an impassioned letter from his similarly heroic brother, José Antonio. Now a priest, José Antonio declared his services and his possessions. He itemized the items in his letter. This was no casual offer.

No two other people personify the struggle for Texas and Mexican liberty than la Espada y el Caliz (the Sword and the Chalice). That is how author Joel C. Uribe refers to these two remarkable brothers. The unlikely revolutionary brothers were linked not only by birth, but also by their mutual liberty ideals. Amazingly, they hailed from the small ranching pueblito of Revilla by the Rio Grande. Revilla was hardly a hotbed of rebellious fervor. However, the third brother, Enrique, was also buoyed by the radiance of the light of liberty and was equal to the task of fighting for freedom.

Don Bernardo's emotional interest in the cause of freedom impressed the padre and his military staff. As such, he was appointed a lieutenant colonel in the Republican army on the spot. To be sure, Don Bernardo's conduct and demeanor confirmed the rumors. The leaders of the revolution had heard about the noble young Creole patriot from the villa of Revilla. The rumors of his bravery were all true.

Also, Don Bernardo was made chief general of the yet independent province of Texas. It was called the Army of the North. It is the first army organized in Texas. He was also named as minister of the rebel forces to the United States. It was in the capacity of first ambassador to the U.S. that Don Bernardo performed the first of his many official jobs. He took off on a difficult trip to Washington DC, seeking help for the revolt.

As proof of his bravery and courage, Don Bernardo was aware that the first team of emissaries to the United States had been ambushed and killed. He knew about the dangers involved in such a risky journey. Spanish royalists were cruel when dealing with those bent on uprising. All the same, he was in the movement and there was no stopping his desire for freedom and liberty for Texas and Mexico.

Just a few days before, he was a rancher, a husband, and a father of two small children. Now, he was part of a revolt making news around the world. He set out to seek support for the revolt as his superiors had requested. He was an adept and effective writer. With added feeling, he continued to print and distribute leaflets and pamphlets to further the cause of liberty. The leaders of the revolt had specially asked for the urgent need for soldiers, weapons, ammo, supplies, and money. As such, he traveled around the region asking for volunteers and help for the war effort.

Sadly, the drive for independence suffered a major jolt a few short months after it started. The better organized and supplied Spanish Army routed Father Hidalgo's poorly trained and ill equipped troops. The Spanish Army's cavalry, artillery, and infantry were too much for the unruly Mexican peasant force. Facing many problems with his ragtag army of volunteers, Father Hidalgo ignored basic military strategy and tactics. His capable General Allende and other senior officers were dismayed. They

JOSE ANTONIO LOPEZ

could not convince Father Hidalgo to be more careful. The battle was a total disaster.

Not helping the situation was the rage with which the Indians murdered royalists every chance they got. After the battle, the rebel forces fled to the mountains. General Allende went north, hoping to rebuild his army with help from the United States. Father Hidalgo also went north. However, they were captured, as were two other main leaders of the revolt, generals Jimenez and Aldama. After being held in jail for a short time, they were executed by firing squad during June and July of 1811.

It should be noted here that Father Miguel Hidalgo is not only a hero in Mexico. He is a true Texas hero, as well. It was his "Grito" that Don Bernardo answered to begin the fight for Texas independence.

Don Bernardo knew that it was just a matter of time before they came to Revilla. The royalists and *Gachupines* were on to him. He hurried his mission to the Unites States. He quickly gathered his trusted companions and informed them of the need to leave immediately. Carrying his letters of introduction and the little money he had collected, they took off toward Louisiana. Alas, he was unable to say goodbye to his loving family in a proper manner. The suffering of the Gutiérrez de Lara family was about to begin.

# (Mexico and Texas Independence Founders)

Father Miguel Hidalgo
(1753-1811)

Juan Aldama
((1774-1811)

Ignacio Allende
(1769-1811)

Doña Josefa Ortiz de
Dominguez (1773-1829)

José Mariano Jiménez
(1781-1811)

José María Morelos
(1765-1815)

## Don Bernardo Goes to Washington, D.C. (1811)

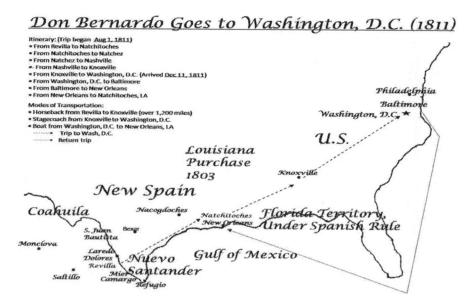

Itinerary: (Trip began Aug 1, 1811)
• From Revilla to Natchitoches
• From Natchitoches to Natchez
• From Natchez to Nashville
• From Nashville to Knoxville
• From Knoxville to Washington, D.C. (Arrived Dec 11, 1811)
• From Washington, D.C. to Baltimore
• From Baltimore to New Orleans
• From New Orleans to Natchitoches, LA

Modes of Transportation:
• Horseback from Revilla to Knoxville (over 1,200 miles)
• Stagecoach from Knoxville to Washington, D.C.
• Boat from Washington, D.C. to New Orleans, LA
∿∿∿∿▸ Trip to Wash, D.C.
------▸ Return trip

The White House, Washington, D.C., as it looked when Don Bernardo visited there in 1811 seeking assistance for his revolution in Texas and Mexico.

President James Madison

Secretary of State James Madison

Don Bernardo Gutiérrez de Lara arrived in Washington, D.C. on Dec. 11, 1811. He was there to ask help for his revolution in Texas, from President Madison and Secretary of State Monroe.

# III

# Don Bernardo Goes to Washington!

DON BERNARDO AND his small group of fourteen soldiers from Revilla began the journey on *El Camino Real de los Tejas* toward Louisiana. On his way, he met an old Tejano friend, Captain José M. Menchaca. His friend was on the run from the Spanish officials. Don Bernardo asked Captain Menchaca to join him on the trip. When they arrived at the ten mile strip of "no man's land" between the Texas and Louisiana border, they were ambushed by Spanish soldiers. Incredibly, they survived the attack. Don Bernardo and his party fought back. They were able to escape. Sadly, three of his men were killed in the surprise attack. Just as bad, he lost most of his possessions. They included his official letters of introduction he had been given to present himself in the U.S.

That was the most dangerous incident of his trip. However, he also found trouble in the neutral ground from violent thugs. More than once, our hero was able to avoid further trouble. He was a brave man. He often asked to speak with bandit bosses and hostile Indians. As a result, they let him go on his journey. Even so, he reached his goal in Louisiana. He left his wounded soldiers in New Orleans to recuperate. Upon setting out again, Don Bernardo asked Captain Menchaca to remain with the wounded. Don Bernardo also told his friend to be ready. Upon his return, the invasion of Texas would begin. He was sure they would succeed in freeing Texas from Spanish tyranny.

Colonel Bernardo was a very determined man. He braved all types of calamities. He continued his journey on horseback with only three soldiers. However, shortly afterward, they also returned home and he went on alone.

When he reached Knoxville, Tennessee, he faced a terrible snowstorm. His horse could not continue any further. Because he needed money to continue his journey, Don Bernardo was forced to sell his horse. The weather soon cleared. Thus, he was able to buy a stage coach ticket to end his journey.

Don Bernardo was an excellent marksman. He was more than capable of taking care of himself. Ever watchful, he was able to fight off a number of agents sent to kill him. The Spanish officials wanted to prevent him from reaching his goal. By now, he had contacted and impressed several U.S. officials in Louisiana and Tennessee. Most important, they were able to provide him with new documents. He needed them to make contact at the nation's capital. He finally arrived in Washington DC by stagecoach. The trip from Revilla took nearly five months.

His excitement at ending the first half of his mission was certainly tempered by his thoughts of how his family was coping without him. Unfortunately back home in Revilla, the Spanish royalists had learned about his special assignment and vented their anger on him in absentia. They took his property. The soldiers carried out many bad deeds against his family in Revilla. They robbed his mother and his wife of whatever money and things of value they had. Everything of value was stripped from the family home. Father José Antonio and his younger brother, Enrique, were beaten up and threatened by death.

Still, the women were allowed to stay in what was left of their home. Once he realized his mother and sister in law were safe for the time being, Father José Antonio sought refuge in the mountains. The proud Gutiérrez de Lara family was now penniless. They had nothing to eat.

The good father tried to provide as much help as he could, but it was not as much as he would like it to be. At best, his help had to be done in the cover of night. Neighbors were threatened by death should they help Don Bernardo in any way. It was a bleak situation for everyone involved. Such was the price that the Gutiérrez de Lara family, and their supporters were willing to pay to further the cause of liberty for Texas.

Don Bernardo finally arrived at his destination. It was a cold, chilly day of December 11, 1811. It is at this point that we must take a moment and consider the meaning of his trip. Those of us today are indeed lucky. We live in an era where land travel to most any point in North America is practically no problem. Not so, during Don Bernardo's time. Traveling was not for the faint hearted. Most people then would consider a trip of forty or fifty miles from their homes as a very long trip. The Spanish had built the fairly well maintained and secure *Camino Real*. *However,* reliable roads were nonexistent, unsafe, and often inhabited by bandits. In Texas, road ways connecting to the Camino were no more than narrow pathways and trails. They were often not passable when it rained. Things were not that much better in Louisiana and the United States. The unsafe nature of the road attracted a host of bandits and unfriendly Indians.

Accessibility to stagecoach lines was limited and most travelers literally took their lives in their own hands. It did not matter if it was for business or pleasure; travelers had to be ready for trouble on the road. Such were the tough hurdles facing Don Bernardo when he started. On the other hand, the fearless Don Bernardo traveled the 2,000 miles to the U.S. capital. As mentioned above, the first 1,200 miles from Revilla to Knoxville, he rode on horseback.

Little did Don Bernardo know that his arrival in Washington, D.C., would cause so much keen interest. The murmurs had begun soon after he reached the capital. The excitement had begun by persistent rumors of his impending arrival. We can only imagine the scene. It may have been his wholesome, debonair persona; but little is recorded of this unique event. Still, the Texas revolution's emissary was creating quite a spectacle of major proportions in Washington. To say that he took the United States by storm is way under stated.

He was certainly the "first" cowboy to ever visit Washington, D.C. and set foot in the White House. This was at a time when few people outside the New Spain region of *Coahuila y Tejas* and *Nuevo Santander* knew about the cowboy lifestyle. However, no one had actually seen one, much less meet a live vaquero. When the English speaking citizens of Washington DC, tried to pronounce the word "vaquero", it came out as "buckaroo". Thus, this funny word in the English language was invented. The reason why the word "cowboy" was not used at the time is that all vaqueros (cowboys) were Spanish Mexican. Later, the word cowboy, a literal version of the word vaquero, entered the English language.

Indeed, his visit must have been the real stimulus of the wild Southwest wonder that would later take hold of this country's imagination. One can

JOSE ANTONIO LOPEZ

only visualize the friendly, ruggedly handsome Don Bernardo stopping conversations in mid sentence. He must have been the object of well intentioned gawking stares from the awed, startled onlookers with mouths agape.

The Tejano diplomat's visit spread like wildfire all over the capital. Women must have swooned at the sight of the muscular Don Bernardo. Like a modern day superstar VIP, everyone wanted to meet the captivating, charismatic stranger.

Whispers must have been aplenty. *"Who is he?" "Where does he come from?" "What is he doing here?"* The wish of the day must have been *"I want to meet him."* From the inquisitive young ones dreaming of their own dreams, *"I want to be like him!"*

President James Madison wished to meet him as soon as possible. The president quickly achieved that on December 16. Many foreign dignitaries wanted to get to know him as well. No doubt their diplomatic missives to their home countries must have included firsthand accounts that they had seen or had even shaken the hand of the stranger from the faraway, exciting territory of wild Texas. Surely, his must have been the trip "heard around the world"!

It was here too that he met José Álvarez de Toledo, a fellow revolutionary, who later on in Texas would not see eye-to-eye with Don Bernardo. While he tried to meet with as many foreign officials as he could, he had serious work to do.

As part of his mission, Don Bernardo met with U.S. political leaders at the Capitol. He availed himself of various tours around town, both in a historical and business sense. James Monroe personally conducted a tour for Don Bernardo of the government buildings around town, including observing the Congress in session at the U.S. Capitol.

Don Bernardo hoped that one day his country would have self rule. That way, elected representatives would work for the people in his homeland. Mixing business with pleasure, he enjoyed the sights just as much. He was very impressed by the growing industrial complex of the young United

States of America. Don Bernardo dreamed of copying it back home after the war's end.

Don Bernardo stayed in Washington DC long enough to discuss with Secretary of War Eustis and Secretary of State James Monroe the specifics of his request for help. While he achieved his main objective, he instinctively sensed a problem.

To be sure, Secretary Monroe welcomed him eagerly, praising Don Bernardo for his role in setting up a sister independent American country with whom the U.S. would treat as an equal trading partner in the continent, free of European control. He had only the most respectful words in describing Don Bernardo's demeanor.

However, Don Bernardo did not like what he heard from Secretary Monroe at one of their meetings. This concerned plans of U.S. expansion beyond their recently purchased territory from France in 1803. Monroe also implied that Texas could even be a part of the Louisiana Purchase. Because this was a contentious issue, their meetings on the subject were not always cordial.

At one time, Don Bernardo was so upset at what he was hearing from Monroe that he walked out of the meeting, leaving the secretary in mid sentence. At this time, it must have been clear to him. The long-range plans of the U.S. included an appetite for Mexico, at least its province of Texas.

After fending off Secretary Monroe's hints for a greater U.S. role in the destiny of New Spain territory, Don Bernardo ignored the overtures and declared his country off-limits in no uncertain terms. He reminded Monroe that independence meant being independent from any other power, be it Spain, England, France, or the United States. Don Bernardo made his position clear. He was not about to replace one yoke (Spain) from the citizens of Texas and Mexico to replace it with another yoke (the U.S.)

Backing off from his apparent bluff concerning Texas, Monroe told Don Bernardo that the United States is unprepared with a war with Spain since they are at the moment in the process of fighting a war with England.

JOSE ANTONIO LOPEZ

They certainly didn't want to fight both super powers at once. As such, he was given permission to recruit volunteers in the U.S. He was also allowed to set up his operations in Natchitoches, Louisiana. New to the game of diplomacy, Don Bernardo had done well on his first mission. From all signs, it appears that the U.S. officials may have under estimated the talented cowboy from Revilla.

Declaring his visit to the U.S. capital as a success, his return trip took a little longer than expected. What he had deemed a swift return trip ended up taking much longer than he had anticipated. He took side trips to Philadelphia, Baltimore, and other major U.S. cities. The weather was not cooperative either. Temperatures were below freezing point and many of the road ways and rivers were covered by a thick blanket of snow and ice. Still, he sailed toward the Gulf of Mexico on February 19.

Arriving anew in Louisiana, he set up his headquarters in Natchitoches in April 1812. The superiors who had sent him on his mission, Father Hidalgo and General Allende, were gone. They had been captured, killed, and their bodies desecrated early on in the war of liberty. Yet, the armed struggle was just beginning. He was unable to return to his homeland. So, he felt at home in Natchitoches. It was a place that he would one day return for an extended ten year exile.

Don Bernardo greatly missed his wife and family. For their safety, he elected to leave them in Revilla. He would send for them at the proper time. The serious fighting would start soon. He didn't want them in harm's way. Such was the caliber of this man of honor. He valued being with his wife and children above all else. Even so, he often sacrificed his own strong desire to be a husband and father to answer his higher call to serve his people.

# IV

# Dreams of Victory

THE TEJANO REVOLT began at the battle of Nacogdoches. Here, the rebels found little conflict from the Spanish forces. The civilian population welcomed the rebels as heroes. These citizens were very far from the real fighting further south. However, they had heard about Don Bernardo and his promise to rid Texas of Spanish rule. Some of the Spanish soldiers also joined the Rebel cause.

Don Bernardo was now joined by Augustus McGee, a U.S. ex military officer and adventurer. The first battle was now a success. Fresh from his visit to Washington DC, Don Bernardo wrote to his fellow revolutionaries and citizens. He told them of the good news. He had a strong sense of responsibility. A good speaker, Don Bernardo well understood the value of keeping his troops informed. Also important, he took advantage of spreading the revolt in the printed press as much as he could. He had big plans.

He sent word that he had come with a large number of volunteers from the United States. He said he wished to free Texas from Spanish rule. He reminded them that their forefathers had fought against Britain. Their help would enable the Mexican people to be free to vote. They would be free to elect their representatives in government. He told the citizens that they were gaining their birthrights.

Looking beyond the armed conflict, he said that he would find ways to enhance business opportunities for all. He would encourage the exporting of goods. He wanted to improve agriculture, social areas, and the arts. Just as the U.S. had a motto (In God we Trust), he guaranteed Judeo Christian values. He supported the role of the Church in the new nation.

He encouraged Spanish soldiers to rise en masse against the unjust Spanish rule. He also recalled the deaths of so many citizens who had already paid with their life to achieve liberty.

He thanked his fellow Spanish Mexican comrades in arms in Texas. He reminded them of the suffering which they had endured. He told them that he had traveled great distances to secure powerful aid. Troops were coming, he vowed, to help them overthrow the Spaniards. They would send them packing across the Atlantic Ocean. He also had words of support for the U.S. volunteers.

Don Bernardo did not forget the help from his new allies from the United States. He guaranteed them the rights they had been promised. They would be full citizens of the Republic of Mexico once it was established. As Mexican citizens, they were to have lands and access to gold and silver mines. They would have the right to round up and sell the wild horses and cattle of the Texas prairies. Also, they would be given a share of all confiscated properties after the expenses of the campaign had been paid.

The rebel Army of the North now occupied Nacogdoches. They then set their sights on a Spanish post on the Trinity River in East Texas. It was located where the roads met from San Antonio and La Bahia. Here, as in Nacogdoches, the Republicans met little opposition. They found the soldiers and citizens ready to declare loyalty to the cause of freedom.

Even so, the series of quick victories over the Spanish Army had put the revolt well on its way to meeting its goal. Usually outgunned and outmanned, Don Bernardo showed rare leadership abilities. He led his officers and Tejano soldiers to victory time after time. The fighting was often in hand to hand combat.

As at the battle of Nacogdoches, most of the citizens were behind him. Sensing that it was time for a change, increasing numbers of Spanish soldiers and their families joined the cause as well. He brilliantly led victories at the battles of La Bahia, Rosillo, Bexar, and Alazan.

Don Bernardo enjoyed great popularity among his fighting men. Though, all was not well within his inner circle. Don Bernardo found he had to explain his decisions to the officers in his own staff. In particular, William Shaler, a U.S. agent, may have had his own agenda and tried to go against Don Bernardo. Other officers, in and out of his staff, were always fighting with each other. This problem hampered the main goal of the Tejano rebellion. Too, they caused great discontent among the troops. Such antics provided support to plotters within the junta who wanted Don Bernardo removed from his leader position.

Of significance was the fact that Colonel Augustus McGee, Don Bernardo's confidante and second in command, had died under mysterious circumstances. It is said that McGee had secretly met with the enemy during the siege of La Bahia.

The story goes that the adventurer had tried to trade Don Bernardo for a Spanish Royal Army commission for himself. He had also guaranteed that the rebel force would lay down their arms. McGee had gone as far as confiding in some of the Tejano and Anglo rebels about the plan. The men had turned down the offer. When he learned that Don Bernardo had found out about the betrayal, McGee allegedly committed suicide.

Another incident made things worse for Don Bernardo after taking Bexar. A rebel military escort detail had brutally executed a group of Spanish royalist prisoners under their care, including Governor Salcedo. Led by Captain Antonio Delgado, the rebels had taken revenge against the governor whom the captain blamed for the horrible death and decapitation of his father.

Captain Delgado had the bad luck of seeing his father's severed head on public display when the Texas rebel army took over Bexar. It is evident that in his eyes the execution of the governor and his staff was justice served. Using the killings as a wedge to push him out of the way, junta members blamed Don Bernardo for the execution of the governor and his officers. Although unaware of the incident, as the commander in chief, Don Bernardo accepted responsibility.

It was at the battle of the Alazán that yet another touching story is told of the warrior, Don Bernardo. He had asked a good friend Don José de Jesús Villarreal to bring the Gutiérrez de Lara family to Bexar from Revilla.

Don José de Jesús and his brother Petronillo secretly escorted the family to Bexar. They traveled mostly by night and resorted to staying on unfamiliar narrow trails in the brush. These paths had been created long ago by wild animals and Indians in the area.

JOSE ANTONIO LOPEZ

The trails were the only ones deemed safe from the threat of Spanish Army patrols. Had they been captured and forced to reveal their identities, the party would have surely been killed on the spot. They were indeed lucky to have made it all the way without major trouble.

After days of anguish, Don Bernardo's family arrived just before the start of the battle. He was totally focused on the demands of leading his men in the coming battle. When he was told that his family had arrived, their meeting was very brief and he quickly sent them off to safety. Already mounted on his horse, he is supposed to have said in effect, "*Adelante! Mi patria primero!*" ("Forward! My country first!")

# V

# Declaration of Independence for Texas (1813)

ON APRIL 1, 1813, Don Bernardo and the Republican army defeated the Spanish Army in Bexar. They took the Alamo with its artillery and other military provisions. Yes, in this first Battle of the Alamo, the Texans won! On April 6, 1813, Don Bernardo set up the first provisional state of Texas. He became its first governor. A military style junta (council) was formed to oversee the new independent nation.

His official title was "president protector (governor) of the Provisional Government of the State of Texas." Also on April 6, Don Bernardo and the junta issued a declaration of independence in San Fernando de Bexar (now San Antonio, Texas). Don Bernardo read the words of the document in front of the Spanish Governors Palace to jubilant crowds of citizens.

While influenced by the Frenchman Jean Jacques Rousseau and the Anglo American Thomas Jefferson, it clearly proclaimed its Spanish heritage and the ideals of Father Miguel Hidalgo.

The document indicated that the American continent was part Anglo American and part Creole American. It also expressed a belief that Texas was a part of the original grassroots Mexican armed revolt against the Spanish tyrants. The country would remain as an independent sovereign Mexican nation. No doubt this was meant to send a signal to those in the United States, such as Secretary of State James Monroe whose veiled offers of merger Don Bernardo had seen fit to reject in Washington DC.

The declaration also made note of the wrongs they were trying to fix. For example, it complained about the colonial status of Texas. Up to now, Texas citizens were forced to live with cruel laws on trade, agriculture, and manufacturing. It specially mentioned the fact that the citizens were excluded from having any voice in the government. Quite simply stated, these were the main reasons given for their desire to separate from Spain.

The Tejano patriots were following in the footsteps of their brothers in arms in the United States, France, and elsewhere in the world. Don Bernardo was passionate about this part of the armed struggle. For sure, this had been the motive that had first inspired Don Bernardo to immerse himself in the revolution. He was the type of man who believed that injustice knew no bounds and had no common language.

The abhorrent treatment of Creoles and Native Americans in his country had been repeated in other parts of the world. As such, the struggle against oppressors of human dignity was universal.

People who spoke a number of languages all around the world had rebelled against their unjust colonial masters. Now, they enjoyed liberty for the first time in their lives. As such, the framers of the Texas Declaration of Independence proclaimed that authority resided in the people. Equally important, it emphasized the inalienable rights that all human beings were born with.

On April 17, 1813, the momentum of the freedom surge was at its peak. Don Bernardo wrote and signed the first constitution of the independent state of Texas. Again, as far as the pledge of civil liberties was concerned, this document was also modeled after those in France and the United States.

Also, the document said that Judeo Christian ideals of the Roman Catholic faith laws would apply in the country. That was, as long as they did not conflict with citizens' rights guaranteed in the constitution.

The constitution also set up a junta or council. Along with the governor of Texas, they were to proceed in setting up an election system. That order assured that voters would elect their own officials to the new Mexican congress.

The original copy of this historic document was sent to James Monroe, U.S. secretary of state. It was delivered by Mr. William Shaler, the U.S.

agent in the new republic. The manuscript is in the archives of the U.S. State Department, Washington DC (see appendix 2).

In the period of about two years, the die was cast. Mexico was on its way to full independence from its European power, Spain. It should have been a time for celebration, but it wasn't.

## First Texas Independence Battle Sites, 1812-1813

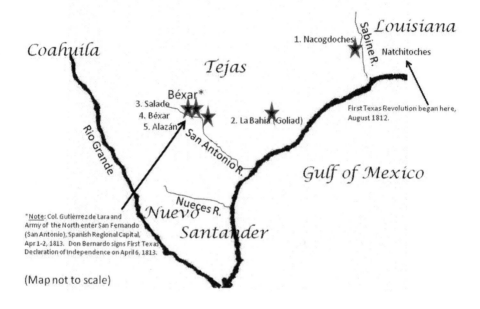

(Map not to scale)

JOSE ANTONIO LOPEZ

# CONSTITUCION

## Primer Estado Independiente
## de Texas
## Parte De La República Mexicana
## San Fernando, 17 de abril de 1813

1.  La Provincia de Texas será conocida en lo futuro como el Estado de Texas, formando parte de la República Mexicana a la cual permanece invidablemente unido.

2.  Nuestra santa religión permanecerá inalterable en la forma establecida ahora mismo, y las leyes seran debidamente ejecutadas a menos de que sean expresa y públicamente anuladas o alteradas en la manera aquí prescrita.

3.  La propiedad privada posesiones seran inviolables, y jamás tomadas para el uso público excepto en casos urgentes de necesidad, en cuyo caso el propietario será debidamente recompensado.

# VI

# Intrigue Continues!

DON BERNARDO HAD acted superbly at every military and political turn. He had done everything right. In a very short time, he had led his men in taking the Spanish capital of Béxar. When he heard about the advancing Spanish Army, he marched out to meet them at Alazan Creek. He had won that battle too, beating back the best the Spanish Army had to offer.

However, as happened often in the intrigue in medieval courts of old, the U.S. agent William Shaler and Alvarez de Toledo finally succeeded. They convinced the junta that Don Bernardo had to go.

While both men had at first been friends of Don Bernardo, their friendship soured quickly. No one knows how Shaler and Toledo ended up working together. Though, it is quite odd that Shaler had served as U.S. consul in Cuba, Toledo's home. Or their plan against their boss may have been arranged in Washington DC.

After Don Bernardo's visit to Washington DC, Secretary of War Eustis or Secretary of State Monroe knew that he could not be controller. As such, the officials may have recruited both Shaler and Toledo to act as their agents in Don Bernardo's staff. Again, no one knows.

Shaler and Toledo tightened their grip on the members of the council. Also, they worked to discredit Don Bernardo every change they got. In truth, Toledo printed several harsh stories on Don Bernardo. For his part, Shaler's actions drove a well defined wedge between the Anglo volunteers and Don Bernardo. That also hurt Don Bernardo's status within the junta.

As for Toledo, Don Bernardo had met him in Washington DC. Toledo was there for nearly similar reasons as Don Bernardo. Indeed, he was at the U.S. capital seeking funds to help Toledo lead a revolt against the Spanish in Cuba. Maybe he thought that the glory he sought as a great general would better be realized in Texas.

Unsure of his loyalties, Don Bernardo first turned Toledo down. However, he changed his mind, since Toledo was insistent on joining the war in Texas. Don Bernardo asked for Toledo's loyalty. Thus, Don Bernardo allowed him to join the revolution back in Texas.

Upon arrival, Toledo wasted no time to develop a friendship with several of Don Bernardo's officers. In turn, they rewarded Toledo with their trust. Rumors began arising among the officers and the general population as well. The attack on Don Bernardo's command was well on its way.

With clear purpose, Don Bernardo's critics fought for control of the war effort. When the time was right, Shaler and Toledo convinced members of the junta that Don Bernardo had to be replaced. By now, most of the junta believed a change of course was necessary.

Toledo was chosen to lead the Republican army to victory. So, on August 4, 1813, the president of the junta told Don Bernardo that he was no longer in command. General Toledo was the new commander in chief.

Don Bernardo was mindful of democratic ideals and the will of the majority. He wished to preserve unity among the Republicans. So, Don Bernardo accepted the junta's decision.

At the last minute, however, he asked to lead his troops in the fight against the approaching Spanish Army of Commandant Joaquín de Arredondo. In fact, the Spanish Army was very close by. Refusing his plea, the council stood by its decision. General Toledo was in charge.

Sadly, the junta leaders had been blinded by the nonstop criticism of Don Bernardo. The junta did not see that they were dismantling the Texas Republican army fighting machine. They never realized that they were removing the Tejano Army's main engine—its leader.

On August 6, 1813, a very sad Don Bernardo left Béxar for Natchitoches, Louisiana. This town became his home away from home. In a fairly short period of four months, he had first left Natchitoches to begin the Texas revolt. He then won a series of battles. He had proudly entered Bexar, the Spanish regional colonial capital. It seemed odd that now, he was asked to leave Texas.

In such a manner, Don Bernardo was stripped of his command. He then began his trip to Louisiana. He would not return to his homeland for ten long years.

Even so, Don Bernardo possessed one of the greatest traits of a born leader—the ability to adapt. To him, it was not the end of the world. If Natchitoches was where he had to live, that is where he would go to figure out how he could still serve his country. He tried to emphasize the positive even in the dire position he found himself in.

Don Bernardo consoled himself with the fact that his beloved wife, Doña María Josefa Uribe de Gutiérrez de Lara, and his children were with him. That thought softened the terrible blow he had just taken.

On the other hand, his joy was tempered somewhat. He was told that his dear old friend Don José de Jesús and his brother Petronillo were dead. They had been arrested and killed by the Spanish authorities when they returned to Revilla.

For the moment, Commander in Chief Toledo was finding out that command was not easy. He must have longed for the respect that Don Bernardo enjoyed with his Tejano troops. As such, the new commander faced defiance at every turn.

Indeed, José M. Menchaca, now a colonel, took the changes real hard. Perhaps the greatest mistake Toledo made in the revolution's battle plan was to reorganize the Army. He separated his forces into segregated Anglo, Tejano-Creole, and Indian units. Tejano and Anglo divisions had fought effectively as equals.

Since Nacogdoches, they had fought side by side. As such, they had won recent battles at La Bahia, Rosillo, and the Alazan Creek. Menchaca keenly resented the segregation. He believed it to be an hurdle to victory. Though, he was powerless to make a difference.

JOSE ANTONIO LOPEZ

The dismissal of Don Bernardo could not have come at a worse time. Of all the barriers in his inspiring life, this must have been by far the most difficult. The junta had witnessed his brilliant direction in several successful battles.

So, why did the junta ask for Don Bernardo's resignation at this critical moment? What may have been their motivation? Were they that naïve to be so easily swayed by the vicious gossip? If they were bribed, was it worth the price? Were other forces at work here? Did the U.S. agent, Shaler, have an ulterior motive? Was he the one who began Don Bernardo's removal. Did he wish to choose a new commander to put in his place?

As if an act of fate, the Tejano Republican army under Toledo's command was defeated at the Battle of Medina, on August 18, 1813. His shameful attempt for fame was ended quickly. In a most foolish maneuver, Toledo was lured into a trap by the wily General Joaquín de Arredondo. In a matter of hours, it was over.

Thus, in this one battle, the defiant Tejano revolutionary movement came to a dead stop. Once again, Spain ruled Texas. If in reality the U.S. officials had a secret plan to inject the U.S. in the fray. This they had done by putting their own general in charge. They may have done a lot better if they had spent more time analyzing the situation better than they did.

While the total number of deaths at Medina was high, close to one thousand Tejano patriots from the Béxar vicinity lost their lives. The Tejanos had nobly faced the enemy in battle. They had done so quite simply for the noblest of reasons. They included freedom, liberty, family, and their land.

This display of raw bravery was repeated time after time as waves of royalist troops attacked from all sides. It is said that in terms of ferocity, the battle was similar to the territorial battles of the Middle Ages. Blood flowed freely as a result of the cavalry charges, the vicious barrage of cannon, and the hand to hand combat.

The brave Colonel Menchaca was shot off his horse and killed. He was leading his Tejano troops in a counter charge against the enemy attackers. He is supposed to have inspired his men by shouting "Onward, men,

Tejanos never retreat!" before he fell. At battle's end, their agonizing, plaintive screams were carried in all directions by the four winds.

Disorganized, demoralized, and dazed from the battle chaos, the Anglo volunteers and Tejano survivors were stunned. For the Tejanos who had families in Bexar, the end had a double meaning. On the one hand, they had lost the battle. On the other, they knew that under the spoils of war, their families in Béxar would be next.

As such, the few surviving Tejano soldiers did what sensible human beings would do in their place. Ahead of the winning Spanish Army, they set off to search for and protect their families. Of course, the Anglo volunteers did not have that problem since their families were safe in the United States.

The meaning of this major battle cannot be stressed enough. Outnumbered and outgunned, a force of about a thousand brave soldiers made their last stand on that very hot day at the Battle of Medina. The Army of the North lost ninety percent of their own, not unlike the sacrifice of the Spartans at Thermopylae.

Sadly, this instance of bravery and death of over 850 brave Tejano soldiers in the fight for Texas independence is lost in the pages of Texas history. In comparison, only 189 patriots died at the Alamo. However, that is the only story taught in history books about Texas liberty. In truth, the Tejanos did the heavy lifting, sacrificing, and dying for Texas independence.

Meanwhile, at the battle site of Medina, the indignity of defeat was compounded by the victors committing one final act of disrespect. Emulating the whims of ancient Roman generals, General Joaquín de Arredondo left the bones of the heroic fallen Tejanos on the battle field. The battle site was located a short twenty miles south of San Antonio.

There the bodies would remain exposed to the elements for over nine years. General Arredondo meant to send a warning to other Tejanos that rebellion would not be tolerated.

One can only wonder if Don Bernardo's inspiring leadership would have made a difference in this decisive battle. For one thing, he could have avoided such sacrilege. We will never know.

JOSE ANTONIO LOPEZ

# Battle of Medina (August 18, 1813)

| Spanish Royalist Forces | Army of the North (Tejanos) |
|---|---|
| **Viceroys:** Francisco Javier de Venegas<br>Felix Maria Calleja del Rey | **Three-member Junta (War Council)**<br>(Established by First Texas Constitution signed<br>by Lt. Colonel Gutierrez de Lara, Apr 6, 1813) |
| **Commanding General**<br>General Joaquin de Arredondo<br>• General Ignacio Elizondo | **Commanding General**<br>General Alvarez de Toledo<br>• Colonel José Menchaca |
| **Force Description:**<br>Approximately 1,830 troops; Creoles,<br>Mestizos, Native Americans pressed<br>into service, and about 200 additional<br>support personnel. | **Force Description:**<br>Approximately 1,500 troops; 800-900 Tejanos<br>from the Bexar area; about 250 Native<br>American allies under Chief Charlie Roland<br>(Lipan Apache, Karankawa, and Coushatta);<br>and about 350 Anglo volunteers from the U.S. |

Source: Tejano Learning Center, LLC, 2010 (www.tejanosunidos.org)

# Battle of Medina Timeline

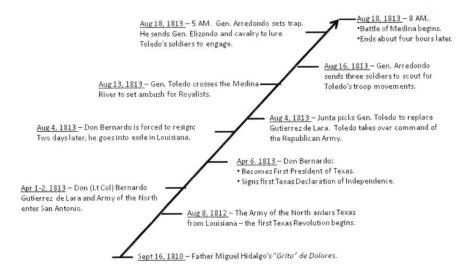

**Aug 18, 1813** – 5 AM. Gen. Arredondo sets trap. He sends Gen. Elizondo and cavalry to lure Toledo's soldiers to engage.

**Aug 18, 1813** – 8 AM.
• Battle of Medina begins.
• Ends about four hours later.

**Aug 16, 1813** – Gen. Arredondo sends three soldiers to scout for Toledo's troop movements.

**Aug 13, 1813** – Gen. Toledo crosses the Medina River to set ambush for Royalists.

**Aug 4, 1813** – Don Bernardo is forced to resign; Two days later, he goes into exile in Louisiana.

**Aug 4, 1813** – Junta picks Gen. Toledo to replace Gutierrez de Lara. Toledo takes over command of the Republican Army.

**Apr 6, 1813** – Don Bernardo:
• Becomes First President of Texas.
• Signs first Texas Declaration of Independence.

**Apr 1-2, 1813** – Don (Lt Col) Bernardo Gutierrez de Lara and Army of the North enter San Antonio.

**Aug 8, 1812** – The Army of the North enters Texas from Louisiana – the first Texas Revolution begins.

**Sept 16, 1810** – Father Miguel Hidalgo's "Grito" de Dolores.

Source: Tejano Learning Center, LLC, 2010 (www.tejanosunidos.org)

# (Connecting the dots of the Birth of Texas Independence).

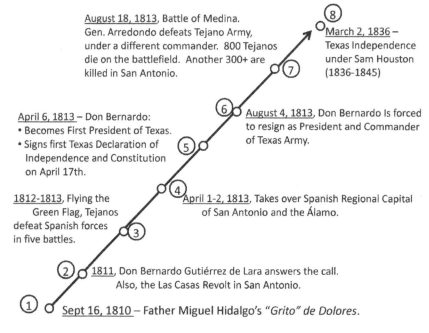

August 18, 1813, Battle of Medina. Gen. Arredondo defeats Tejano Army, under a different commander. 800 Tejanos die on the battlefield. Another 300+ are killed in San Antonio.

March 2, 1836 – Texas Independence under Sam Houston (1836-1845)

April 6, 1813 – Don Bernardo:
• Becomes First President of Texas.
• Signs first Texas Declaration of Independence and Constitution on April 17th.

August 4, 1813, Don Bernardo Is forced to resign as President and Commander of Texas Army.

1812-1813, Flying the Green Flag, Tejanos defeat Spanish forces in five battles.

April 1-2, 1813, Takes over Spanish Regional Capital of San Antonio and the Álamo.

1811, Don Bernardo Gutiérrez de Lara answers the call. Also, the Las Casas Revolt in San Antonio.

Sept 16, 1810 – Father Miguel Hidalgo's *"Grito" de Dolores*.

Source: Tejano Learning Center, LLC, 2010 (www.tejanosunidos.org)

# Tejanos did the heavy lifting, sacrificing, and dying for Texas Independence.

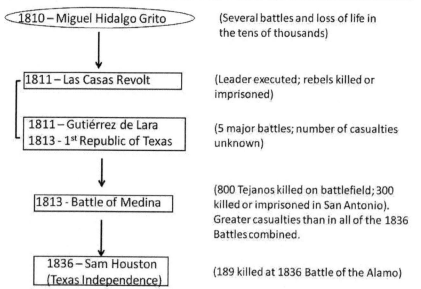

1810 – Miguel Hidalgo Grito

(Several battles and loss of life in the tens of thousands)

1811 – Las Casas Revolt

(Leader executed; rebels killed or imprisoned)

1811 – Gutiérrez de Lara
1813 - 1st Republic of Texas

(5 major battles; number of casualties unknown)

1813 - Battle of Medina

(800 Tejanos killed on battlefield; 300 killed or imprisoned in San Antonio). Greater casualties than in all of the 1836 Battles combined.

1836 – Sam Houston
(Texas Independence)

(189 killed at 1836 Battle of the Alamo)

# VII

# Exile in Natchitoches, Louisiana!

T HE RECENT EVENTS back home in Texas must have weighed heavily on Don Bernardo's mind in Natchitoches. He regretted that his firm efforts to seek a Mexican republic had failed. Those he considered opponents of liberty now lead the Tejano cause. In August 1813, his adversary, General Arredondo, triumphantly entered Bexar. That act erased all that the rebels had fought so hard to do.

All of his dreams of a free Mexico vanished on that afternoon at the Battle of Medina. At first, their struggle appeared to be a ray of hope to the eyes of the enthusiastic patriots. The fight had turned into an ominous storm of darkness. He recalled the early victories of the cause. He thought of the taking of Bexar. He wondered if he could have done more to ensure their success.

If his troubling thoughts were not enough, Don Bernardo was a hunted man. This time, he was not a target of the Spanish royalists. He was a target from his former peers. Not content with having ousted him from office, the Toledo group had put agents on his trail. They were to report to Toledo and his conspirators regarding Don Bernardo's movements.

Arriving in Natchitoches, Don Bernardo and his family went about settling down. They lived at the home of friends who had given them shelter. The threat to his life was very serious. On one occasion, Don Bernardo was forced to flee from his benefactor's home. To evade his enemies, he and his family hid in the woods.

Word of the debacle at Medina soon reached Natchitoches. Don Bernardo saw the bloody, badgered refugees streaming across the Sabine into Louisiana. It must have been one of the saddest sights for Don Bernardo. He was provided several briefings on the military defeat from the few surviving soldiers that stopped by to see him.

Tejano soldiers that made it through San Antonio had quickly picked up their families. Then, they went east to the safety of Louisiana. Don Bernardo did all he could to ease their pain. He provided as much comfort as he could to these newest Tejano exiles in the United States.

Back in Bexar, hundreds of innocent women and children suffered through the painful ordeal. With every thrust of his sword, General Arredondo restored order in Texas. He was unwilling or incapable of showing the least bit of mercy.

Killing and causing awful vengeance upon the survivors of the insurrection, he showed no pity. Able bodied men were rounded up and executed. The homes of those suspected of helping or working together with the rebels were confiscated or burned to the ground. Close to three hundred people were killed.

The Spanish royalists reclaimed San Antonio and the Alamo Presidio. Marching toward the eastern border, Commandant Elizondo preceded Arredondo on his wild tour of pillage and murder.

General Elizondo had heard that after the battle, a few rebel families remained in Nacogdoches. As if to project a more positive image to the vanquished, he granted a general amnesty to the families of the rebel army.

JOSE ANTONIO LOPEZ

# VIII

# Wanted—Dead or Alive!

D ON BERNARDO, FRANCISCO Ruiz, Toledo, and others were hunted men. They now had a price on their heads. The reward was five hundred pesos to the man who killed any one of them. One thousand pesos would be paid if they were captured and brought alive to the Spanish officials. In short, the rebel leaders were not included in Arredondo's amnesty! The *Gachupines* were again back in power in Texas.

As a matter of note, this was yet another of several times that Don Bernardo had a price on his head. Upon learning of his secret mission to the United States, Spanish royalist troops had pursued him. They pursued him on *El Camino Real*. Only by his will to carry out his mission did he survive several ambushes. The *Gachupines* had also sent agents after him. Luckily, Don Bernardo had defeated them all.

Also, General Arredondo threatened Don Bernardo's family and neighbors. He sent a communiqué to town officials in Revilla. He told them that those who gave or sold horses, cattle, or materials to Don Bernardo and the rebels would be dealt with quickly. The ravaging and pillaging of Creole family homes continued unabated.

Don Bernardo's brother Father José Antonio had been given a pardon by the Spanish commandant general. For over two years, the priest had roamed the mountains living the life of a renegade. Father José did not want anyone to be hurt by aiding him in any way. Thus, he had tried to avoid as much human contact as he could. However, barely finding enough to eat, he was emaciated and close to dying of starvation. He wondered who would take care of his mother if he was to die in the mountains.

He was tired of being on the run. He was concerned about his own health and that of his mother. Finally, he wrote a lengthy letter to the bishop in

Nuevo León and explained his actions. The bishop was so moved by the well thought out request that he sacrificed his own position.

The bishop became Padre José Antonio's advocate. He took the father's case to the Spanish authorities. It was not an easy task. Father José Antonio had been active in the early stages of the revolt. After delicate talks, the bishop was able to convince the Spanish officials to hear the padre's defense.

Father José Antonio was allowed to turn himself in to the officials. He showed up in the most dismal dress. Every stitch of clothing he wore, he had made himself. He used mostly palm leaves and straw. For shoes, he had fashioned wooden slats. Cleverly, he had embedded a pair of mule's hooves upside down and tied them with strips of palm.

His only other goods were a hat he had made himself. Also, a small shoulder bag, and a walking stick created from a tree limb. His hair and beard reached below the waist. For the good father, it was indeed time to come in from the cold.

At a hearing conducted mutually by the Spanish military authorities and the bishop, a decision was made. While he was Don Bernardo's brother, Father José Antonio had suffered enough. Allowed to defend himself, he explained his actions with much passion.

After listening to his plea, the Spanish commandant decreed that the padre would not be punished. The only rules were that his activities be limited to his priesthood. He was also allowed to look after his ailing mother.

Also, other members of the Gutiérrez de Lara family were likewise pardoned. Of course, the only exception was Don Bernardo. As a major leader of the armed insurrection against Spanish colonial rule, he still had a price on his head.

JOSE ANTONIO LOPEZ

# IX

# Never Give Up the Fight!

THUS, THE FIRST independent state of Texas came to an untimely end. Though, that did not deter the former governor of the state of Texas and commander in chief of its army. Don Bernardo saw this as a minor setback. It was his intention to never give up the fight that had started in 1810. His vision of an independent Texas was intact.

Of comfort was the fact that there were several pockets of rebels throughout Mexico. Every now and then, he received intelligence reports that showed these rebels were making advances against the Spanish forces. As such, the news of their progress kept his dream of a free Mexico alive.

Remnants of the Tejano army were in hiding or were across the Louisiana border with him. In that regard, Don Bernardo and his fellow citizens kept themselves busy. They planned additional revolts against the Spanish Crown. The reason is that they wished to be at the ready in case they were needed by citizens still fighting for a free homeland.

In April 1814, Don Bernardo arrived in New Orleans. During a period of two years, he carefully planned for other revolts. He listened to countless detailed proposals for other trips into Texas. Earliest of these was a plan secretly done by some men who wanted Don Bernardo to take charge of an army of two thousand men.

This plan was proof of the absolute respect organizers had for Don Bernardo's military genius. Since the project seemed likely to succeed, Don Bernardo agreed. Recruiting got well underway.

Unfortunately, the secret plan became public. As such, many of the promoters became frightened. That meant that Don Bernardo could no longer raise the critical funds. Therefore, the invasion planning was sadly abandoned.

Don Bernardo was desperate. He sought help from anywhere he could find it. He next sent an emissary to open talks with the Haitian dictator, Alexandre Petión. A mercenary himself, Petión had up to that time supported armed uprisings in the Caribbean. He had sent men and provisions to those who paid him for it. That was not the case this time.

Don Bernardo's envoy went with a request for troops, equipment, and money. However, the dictator, asserting that Haiti was neutral, gave no support to the Texas Republican cause.

The exiled Tejano general was still in a desperate situation. Realizing that time was of the essence, Don Bernardo next looked across the Atlantic to England for help. Among the European powers, England was the most logical to help him defeat the Spanish. Although this was an option, it was not a realistic one.

Not only did he lack the money to go to London himself, he would have to sail from the United States to the land of their number one enemy, England. He knew that this venture would prove to be extremely difficult if not impossible to do. That plan was likewise abandoned.

JOSE ANTONIO LOPEZ

# X

# The Tejano Green Flag
# over New Orleans

IN 1814, GENERAL Andrew Jackson arrived in New Orleans. He was there to defend the city against an attack by the British. The brave Don Bernardo answered the general's call for help. Don Bernardo asked his equally bold, battle seasoned Texas rebel army troops to help the U.S. They agreed to join the U.S. forces.

The Tejanos had fought under Don Bernardo at several battles, such as at La Bahia, Salado Creek, and the Alazan. They fought for the U.S. as valiantly as they had fought in their homeland. Ironically, Toledo was also there.

All in all, the Tejano Mexicans were there to help U.S. citizens in their fight for freedom. They wished to repay the debt to those U.S. citizens who had fought for Mexico's freedom from Spain.

When the great battle was over, the Tejano Republican green flag and other volunteer flags proudly waved side by side with the Stars and Stripes. Fighters included those from the states of Kentucky, Tennessee, and Mississippi. Creoles from Texas (Mexico) and the Caribbean celebrated the victory over British imperialism.

To many leaders, exile means retirement. It is a time for reflection on past glories. Not so for Don Bernardo. He kept himself very much informed with events in Mexico. The call for independence was very much alive. He regularly wrote to his brother, José Antonio. Also, most people saw him as a leader.

Thus, influential men were always bringing plans for his review. As expected, they also wanted him to lead the excursions. However, Don

Bernardo was highly cunning and smart. He was not desperate enough to involve himself in poorly conceived ideas.

After the famous Battle of New Orleans, Don Bernardo was asked by a group of men from Louisiana to lead a revolt into Texas. They were known as the New Orleans Associates. They wanted also to free other Spanish American colonies.

Admiring his leadership abilities, they proposed to Don Bernardo that he lead a mission against Pensacola in Florida. They hoped that the many muskets and munitions that they captured would help to equip troops for an expedition into Texas.

Moreover, they reasoned that Florida could probably be sold to the United States for two or three million dollars. The money would then be used to finance the campaign. Don Bernardo listened, but he declined. In his view, the New Orleans Associates could not guarantee that the United States would not take Florida directly.

Don Bernardo returned to Natchitoches. All during this time, the New Orleans Associates and other interested Americans were urging him to lead an invading force. They still had their eyes on Pensacola.

In 1816, another rumor was spread that an expedition would march against Florida. According to this report, Don Bernardo would lead the expedition. As soon as he had taken Florida, he would at once cede it to the United States. Although the expedition never took place, the Pensacola scheme was not abandoned until late May or early June of 1817.

# XI

# "The Most Dangerous of Them All Is Don Bernardo!"

ON JULY 26, 1817, adding to the never ending intrigue, a Spanish agent in New Orleans wrote to the viceroy of New Spain describing a multi pronged new offensive planned for November against New Spain. The agent said that the rebels would overwhelm the ports of the Mexican coast by a sea attack. It would then expand to a possible land assault throughout the region.

The Comanches and their allies were ready to attack from the west. A second division would be on the defensive in the mountains. The third division would attack the road passing across the Brazos, Colorado, San Saba, Llano, and Guadalupe rivers. The fourth division, to be commanded by Don Bernardo included Pawnee, Tarahumara, and Karankawa Indians. They were poised to attack La Bahia and Refugio. The number of troops under Don Bernardo was believed to be about 12,500.

In spite of the terror it caused, the invasion never took place. However, it shows Don Bernardo's reputation as an effective military leader. The agent's note also suggested a plan to capture the rebel leaders and supporters. Of special note, it included the amazing declaration that "*the most dangerous of all is Bernardo Gutierrez.*"

The last expedition of the rebel era was organized in Natchez, Mississippi. Organized in May 1819 Don Bernardo would serve in an advisory capacity. The planned attack arose from the resentment over the Onis Adams Treaty. That agreement recognized Texas as a part of New Spain.

General James Adair was offered command but refused. The promoters then placed command under General James Long, a veteran of the Battle of New Orleans. Long and his men arrived in Nacogdoches on June 21.

They set up a temporary government on the same day. They then set up the second Texas republic. Long was elected president of the supreme council. Don Bernardo was a member of the council. In 1820, Don Bernardo was named as vice president.

A document, based on the U.S. Declaration of Independence, was issued on June 23, 1821. Upon hearing of this new threat in Texas, the Spaniards promptly sent Colonel Ignacio Perez to drive out the invaders. When Perez and his force drew near the Sabine, Long and his followers fled across the river, bringing a quick end to the new republic.

General Long made two other failed attempts to organize a government in Texas. However, his career as a rebel ended when Colonel Perez captured him on October 8, 1821. He was taken to Mexico City. There, he was imprisoned and died shortly after. General Long's missions were the last of the many futile attempts from Louisiana to set up an independent sovereign Texas. Not long after, though, New Spain was free from Spanish rule.

# XII

# Independence, at Last!

MEXICO'S INDEPENDENCE FROM Spain, so ardently sought by Father Hidalgo, General Allende, Father Morelos, and other patriots, was finally attained. It came under the mestizo Agustin de Iturbide.

A former Spanish Army officer, Iturbide switched sides, taking most of his army with him and finally drove the Spanish out of Mexico. Soon after he announced the Plan of Iguala, Iturbide became Mexico's first emperor.

Iturbide set up a regency-type of government whose members included the last of the viceroys, O'Donojú. Oddly, Emperor Iturbide brought liberty to Mexico. However, due to his despotic leaning, Emperor Iturbide was forced to abdicate less than a year after he assumed control of Mexico.

At last, Mexico was free. It had been a long struggle, but Mexican citizens all over the country were elated that they had finally succeeded. As soon as he heard of these events, Don Bernardo wrote to his brother to express his great joy.

On February 22, 1821, he also wrote to Iturbide himself, offering his support to the new government. He outlined in detail all the current happenings in the United States. Iturbide's reply was full of praise for the services Don Bernardo had rendered his country of birth.

From Monterrey, Reverend José Antonio, Don Bernardo's brother, wrote a series of letters full of tenderness and brotherly love. He urged his brother, the hero, to come home. Don Bernardo answered in kind.

José Antonio related to his brother of the conditions at Revilla. He wrote about the loss of lives and over one million sheep. He described the misery and suffering. The *Revillanos* had suffered much during the ten years' fight against the *Gachupines*.

Showing the deepest respect and love for each other, their eloquent letters are written in a superb scholarly style. They contain opinions on matters of state as well as phrases of heartfelt sentiment. Don Bernardo's letters have an idealism and military political tone.

José Antonio's bear a more spiritual, intellectual, and philosophical quality. Their letters are unique in their individual perspective. They blend into a beautiful, continuous rendition of the best there is of Spanish prose, the fluid language of Cervantes.

It is obvious from the exchange of ideas between the two very intelligent and articulate Gutiérrez de Lara brothers that they missed each other very much.

For example, in a letter dated March 8, 1823, from Natchitoches, Don Bernardo writes about the election of Emperor Iturbide. He also confides in his brother that he has been asked to return to be a part of the new government in the independent Mexico.

Though he is unsure of leaving his post in Natchitoches, he describes the mundane duties of having to sell his house and packing his belongings. There were tasks that he is not too keen on tackling. Of one thing he is certain, he tells his brother that he will first go alone. He will delay the movement of his family until he is sure he can guarantee their safety.

Likewise, in a letter dated July 12, 1823, José Antonio talks about matters of state with his brother. In it, he cites his dedicated service to the revolt and the congress as the causes for his bad health and impending death.

Father José Antonio even makes an impromptu last will and testament. He leaves all he owns to Don Bernardo. This includes a rifle that an artisan had just made for him for one hundred pesos. He also includes a commentary on how the war has hastened his trip on the inevitable road of aging.

Father José Antonio laments that his black hair is thinning and graying. He says that his teeth are bad, and that his eyesight is failing him. He jokes that his adored sister in law Maria Josefa and his niece Maria Eugenia will no longer recognize him the next time they meet.

Indeed, the reverend brother was a rebel hero in his own right. He had paid his debt to the revolution. He had spent over two years living like a hermit in the mountains to avoid his Spanish pursuers. Their thirteen year separation had indeed been long. Still, their close brotherly bond was as strong as ever.

As José Antonio had related to his brother in one of his letters, Revilla had lost three hundred men. The Gutiérrez de Lara family had lost all their ranch animals as a result of the war.

The Gutiérrez de Lara rancho had been stripped of all its resources. The family home resembled an empty shell. Don Bernardo longed to return to the Río Grande. Yet, he felt that he was more needed solving the pressing problems affecting both U.S. and Mexican nations.

Don Bernardo was focused as usual on problem solving. He had taken it upon himself to pacify and control the hostile and dangerous Comanches. Having been the allies of the *Gachupines*, the Comanches were prone to regularly raid both U.S. and Mexican settlements around the Texas and Louisiana border.

Don Bernardo was well aware that he had undertaken a formidable task. He sent urgent letters to General Don Gaspar López, commandant general of the Mexican northern provinces, asking for help. He wrote a plan for Indian control. To carry it out, he needed money. Despite his pleading, he never received the financial help.

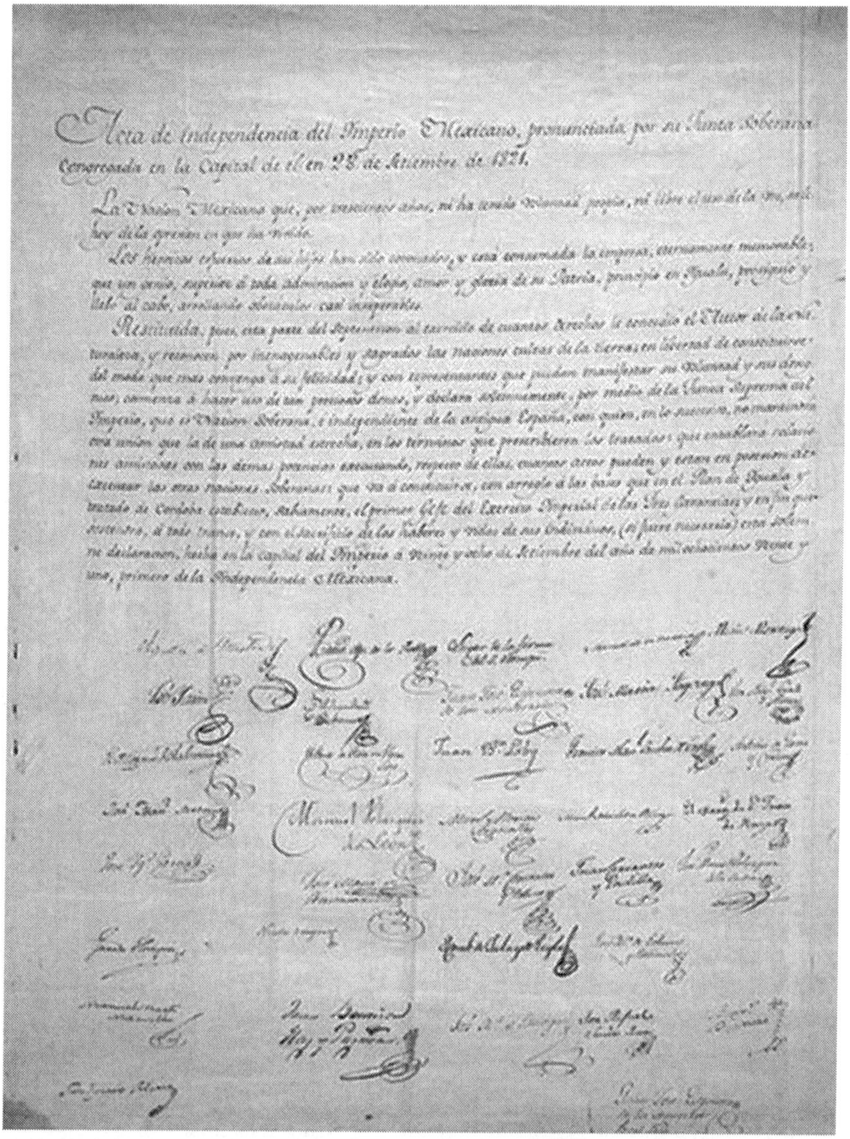


Original copy of Mexico's Declaration of Independence.

# Mexico's Declaration of Independence from Spain

*Declaration of the independence of the Mexican Empire issued by its Sovereign Junta, assembled in the Capital on September 28, 1821.*

*The Mexican Nation, which for three hundred years had neither had its own will, nor free use of its voice, leaves today the oppression in which it has lived.*

*The heroic efforts of its sons have been crowned today, and consummated is an eternal and memorable enterprise, which a spirit superior to all admiration and praise, out of love and for the glory of its Country started in Iguala, continued, and brought to fruition, overcoming almost insurmountable obstacles.*

*Restored then this part of the North to the exercise of all the rights given by the Author of Nature and recognized as unalienable and sacred by the civilized nations of the Earth, in liberty to constitute itself in the manner which best suits its happiness and through representatives who can manifest its will and plans, it begins to make use of such precious gifts and solemnly declares by means of the Supreme Junta of the Empire that it is a Sovereign nation and independent of old Spain with which henceforth it will maintain no other union besides a close friendship in the terms prescribed by the treaties; that it will establish friendly relationships with other powers, executing regarding them whatever declarations the other sovereign nations can execute; that it will constitute itself in accordance to the bases which in the Plan of Iguala and the Treaty of Cordoba, the First Chief of the Imperial Army of the Three Guarantees wisely established and which it will uphold at all costs and with all sacrifice of the means and lives of its members (if necessary); this solemn declaration, is made in the capital of the Empire on the twenty-eighth of September of the year one thousand eight hundred and twenty-one, first of Mexican Independence.*

*Major Signatories:*
*Agustín de Iturbide, (President of Mexico)*
*Juan O'Donojú, (Viceroy of Spain)*

# XIII

# The Triumphant Knight Returns Home to Revilla!

IT WAS NOT until 1824 that Don Bernardo saw fit to give up his Indian fighter affairs. He made a decision to return to Revilla. While at Natchitoches, the old soldier had managed to keep busy. Among other things, he had spent much time thinking about liberty in his homeland. That had now been done.

Don Bernardo was a restless leader. He was happiest when solving problems. That is why he had been fighting Indians in the name of both the United States and Mexico. It was a job that needed to be done. To his credit, he had led it with very limited resources.

It was also while in Natchitoches that he had observed something important. With great interest, he noticed a movement by U.S. officials toward a westward move into Texas. His suspicions were now confirmed. Several times, he had told Mexican officials to be on their watch against illegal Anglo immigrants.

History has proven that his insight and fears were well founded. At any rate, he had done all that was possible. Finally, he had decided to go home.

In keeping with his long range plan, he would go alone. He would leave his family in Louisiana for safety reasons. By now, his family was made up of his wife and six children. Doña Maria Josefa clearly knew her duty and accepted her husband's decision.

In the period of his absence of almost thirteen years, his mother and his youngest brother, Enrique, had died. The rest of the family had suffered heavy financial losses.

Little remained of his pride and joy; the great rancho. He had left his home that morning in March 1811 to join Father Miguel Hidalgo in Coahuila. The Spanish Army had emptied it of valuable property. They had also vented their rage by causing wanton ruin in the estate.

If these impressions dampened the spirit of Don Bernardo, there were other thoughts to give him joy. Victory was theirs at last. The grateful citizens of Tamaulipas welcomed him as a conquering hero. They were aware of his many good deeds. Another event was soon to lift his spirits. He got to see his brother José Antonio once again.

The meeting of la Espada y el Caliz (the Sword and the Chalice) finally happened. As soon as Don Jose Bernardo decided to return home, his brother, Reverend José Antonio, joined him.

Now a member of the constituent congress at Mexico City, he rushed home as soon as he heard the good news. The emotional reunion of the two brothers took place at Padilla, which was then the seat of the state government.

# XIV

# General Gutierrez de Lara, the Governor Once Again!

DON BERNARDO HAD kept abreast of proceedings in Mexico. His fellow citizens had also kept up with the exploits of their native son in Louisiana during the previous ten years. His reputation preceded him.

To prove their thanks, his fellow citizens offered him the position of governor of Tamaulipas. According to Don Bernardo's own account, this happened almost immediately as he set foot on his native soil. Denying himself the pleasure of returning to Natchitoches for his family, he bowed to the needs of the people once again. He accepted office on July 16, 1824.

(Note: As president of the state of Texas, Don Bernardo had in essence already been the first governor of Texas. He now had the distinction of being a governor of two states; a great feat in American history. What makes the honor unique is the fact that he was the "first" governor of both states, Texas and Tamaulipas.)

Don Bernardo enjoyed the reunion with his brother and prepared to take office. Almost immediately, though, Tamaulipas became the scene of an event that attracted the interest of the Mexican nation. Iturbide, the former emperor, landed at Soto la Marina, a Tamaulipas port.

Because of his monarchial ambitions, Iturbide had recently been branded a traitor and exile. He was warned that he could be sentenced to death if he should ever return to Mexico. Well aware of the emperor's banishment, the Tamaulipas officials arrested him at once. They then took him to Padilla to stand trial.

On July 18, 1824, Don Bernardo took his oath of office. On the same day, the court sentenced Iturbide to be executed. Reverend José Antonio was president of the court. However, he refused to vote in judgment of Iturbide. Before the sentence was carried out, he administered the last rites of the church to the condemned former emperor of Mexico. On July 16, 1824, the ex-hero was shot as a criminal in the public square of Padilla.

As the new Tamaulipas governor, Don Bernardo wrote to the central government officials in Mexico City. He told them of his taking the office as governor. He also offered a detailed account of the capture, trial, and execution of Iturbide.

Don Bernardo added that the actions were in accordance with the instructions in the specific law regarding the ex emperor. In reply, the secretary of state voiced pleasure over the selection of Don Bernardo for the high state office. The official praised those responsible for having administered justice to the tyrant, Iturbide.

During his first month in office, Don Bernardo made a trip to the frontier on military business. On his return trip, he stopped at Refugio, and there he heard the rumor that a Spanish fleet was on its way to attack the Mexican coast. This news, which caused a flurry of excitement over all Mexico, demanded speedy action. Quickly, Don Bernardo took charge of military measures and issued arms and ammunition to the civil militia.

Luckily, the impending invasion was just a rumor. However, before leaving, the Refugio alcalde asked Don Bernardo for help. He wanted Don Bernardo's opinion on a criminal case he was currently prosecuting. The governor relied on his military law experience to give his advice.

Don Bernardo told the alcalde how important it was to show equality for all citizens. As such, he told the alcalde to strictly enforce the law. The prisoner was thusly tried, found guilty, and sentenced to be shot for the crime.

Holding Don Bernardo responsible for the action, the criminal's family became his bitter enemies. Once back in Padilla, Don Bernardo enhanced the current militia groups. He developed plans for an effective early defense and response system in case of further threats of attack from Spain.

As much as he could, Don Bernardo tried to restore his rancho in Revilla to its former glory. To do so required money that he did not have. For that reason, he drafted a petition to the Mexico City officials. He asked for payment for his past services.

Through the war period, he had without a second thought devoted his energies to freeing Mexico from Spanish rule. All the while, he had forsaken his own and his family's comfort. During those difficult times, financial help from the government had been erratic or lacking. Now, he had lost all he had. He needed help. With much hope, he submitted his request for three thousand pesos.

The legislative assembly of the state government warmly seconded Don Bernardo's petition. The statement praised him for having "united patriotism with disinterest, valor with prudence, circumspection with intrepidity, and the qualities of a good warrior with those of a good citizen." All the same, the central government turned down his request.

However, to recognize the old warrior's service, the national government appointed him to the post of colonel of the cavalry. He was also named colonel of the active militia of Tamaulipas. He was given the position of commandant general of Tamaulipas. He assumed the duties at Soto la Marina on March 25, 1825.

The selection of Don Bernardo as the first Tamaulipas governor was historic. In a sense, he brought a period of stability during the insecurity of the times. He offered comfort and a feeling of normalcy to the citizenry. He was always planning for the future.

Post independence conditions made defense the primary task of the governor. He fulfilled it so ably that the central government named him commandant general of Tamaulipas. Later, they named him commandant general of the Eastern Interior States. The naming of Don Bernardo as governor gave Tamaulipas the first popularly elected governor. Also, the period also provided the first duly elected congress and the adoption of Mexico's first constitution (May 7, 1825).

# XV

# Once a Soldier, Always a Soldier!

ON MARCH 25, 1825, Don Bernardo assumed his duties as commandant general of Tamaulipas. The general staff headquarters was then at Soto la Marina. By June 17, he moved it to San Carlos where he remained for more than a year. He was indeed pleased to have his family with him during these days.

He was the highest military officer of the state. As such, his main duty was to protect the frontier settlements from attack by hostile Indians. Even facing these difficulties, General Gutierrez de Lara very capably carried out his duties. Of course, he was always hampered by a scarcity of horses and weapons.

His policy toward the Indians was firm but not unduly severe. In fact, he went to great lengths to reach amicable harmony with the Indians. The treatment of Cojo, an Indian leader, is a good example. Cojo was an insubordinate Lipan whose tribe had been robbing and threatening settlers. Lieutenant Nicasio Sánchez, commandant of the Tamaulipas frontier at Laredo, tried to reason with Cojo. He made it quite clear that though the Mexican government desired Lipan friendship, a repeat of outrages by his men would not be tolerated.

The arrogant Cojo replied in the most insulting terms. Responding to Cojo's bluster, Lieutenant Sánchez promptly put the offender in irons in accordance with Don Bernardo's instructions. Later however, when Cojo had become submissive, he was released.

Busily tending to his own assigned area, Don Bernardo was also able to be of service to Texas. On one occasion, his men helped ward off a Comanche attack on Béxar. A month later, despite his own shortage of mounts, he sent two hundred horses to the Béxar garrison.

Don Bernardo executed his duties with a proven ability that inspired widespread admiration. However, there were some people who were not happy with him having so much power. They felt that one person should not occupy several important positions. They began to plot for his removal.

Don Bernardo did not contest the opposition. He had done as much to serve his country as his health would allow him. He sensed that it was time to move on. As such, he resigned his position of governor. He turned his duties over to Vice Governor Don Enrique C. Suarez on June 4, 1825, in Aguayo (now Ciudad Victoria). Aguayo had become the capital of Tamaulipas during his term of office. At the same time, traveling from Natchitoches, Don Bernardo's beloved wife and family reached Tamaulipas during his last days as governor.

Accepting her duty to raise their children all through the war years, Doña María Josefa Uribe was used to the many problems of not being with her husband. She knew full well that as the general was fulfilling his duty. She was fulfilling hers. She took pride in her help to the war effort. She had lived through the dangers she had faced through so many years of turmoil. She had survived, just as her husband had survived. She too looked forward to spending the last years of their lives in peace. Their arrival convinced Don Bernardo that he had made the right decision. By removing himself from some of his governmental duties, he could devote more time to his family.

JOSE ANTONIO LOPEZ

# XVI

# Chief Executive Officer
# of Four States

O N DECEMBER 24, 1825, the Mexican government placed even heavier responsibilities on his shoulders. They named him commandant general of the Eastern Interior States. This happened less than a year after Don Bernardo had received his high military post. Before, he had only been responsible for the military protection of Tamaulipas. Now, he had three additional states under his control; Texas, Coahuila, and Nuevo León.

The old soldier was honored that his superiors entrusted in him such a colossal task. He proved to them that he was the right man for the job. Again, the assumption of all these important duties proved that Don Bernardo had a well known standing as a very astute and great leader.

The large task of running the four states was incredible. Don Bernardo was thus responsible for patrolling the long coast lines of Texas and Tamaulipas. This was at a time when marauders, racketeers, and smugglers were forever increasing the danger to the citizens and to his troops. Chief among his worries was the constant advance of Anglo immigrants from the United States. They were now illegally moving into Mexican territory, specifically Texas in large groups.

Don Bernardo was also in charge of overseeing and controlling, by force if necessary, the activities of a large number of hostile Indians. Numerous times, he invited the leaders of the clans to listen to their problems. To ensure a long range answer, he honestly tried to make peace with them. It was a very tough, demanding job.

With such a large area to command, Don Bernardo assumed new powers and responsibilities. In his position as commandant general of the Eastern

Interior States, he was entrusted with certain political and financial authority. He executed his new duties in his proven style of leadership. He frequently went out on the field, often on horseback, to observe and encourage his men.

In reality, he was the chief executive officer of the four states. He received orders directly from the president of Mexico. He also got orders from the Ministry of the Treasury and the Ministry of War. He was accountable to all three bodies of the government.

No matter what, Don Bernardo's chief concern was to protect the interior settlements. It was a responsibility he took very seriously. On January 10, he selected a proven soldier, Antonio Elosúa, as commandant of the Line of the Frontier.

Detachments of men along the line were posted to ward off Indian attacks. To enable him to carry out this assignment, Don Bernardo gave Elosúa command of the Flying Company of Nuevo León (a unit of crack troops that had been trained to move rapidly to any point where they were needed for combat), as well as the other forces in Laredo.

# XVII

# Continuing Problems
# with the Comanches!

THE INDIAN PROBLEM was above all ominous in Texas during February. The Comanches, a constant menace in Texas, were gathering at the head of the Colorado River. In Texas, Commander Ahumada feared an attack against the frontier posts of Coahuila, Nuevo León, and Tamaulipas. So, he wrote to Don Bernardo asking for authority to take the offensive with a hundred men.

Unfortunately for Commander Ahumada, Don Bernardo was forced to reply that because his troops lacked adequate horses and equipment he could not risk an encounter with the Comanches. As it turned out, Ahumada's fear of an attack proved to be groundless. As if Indian troubles were not enough, an ominous new difficulty arose to beset the fatigued Don Bernardo.

This time it was the growing friction between the alcalde in Nacogdoches and the ever increasing number of Anglo American immigrant settlers looking for land. Fearing that this discord might flare into violence, Don Bernardo at first planned to set up a garrison of fifty men in Nacogdoches. Upon the advice of Ahumada, he decided against taking this action.

Meanwhile, the threat of serious Indian uprisings grew steadily more serious. On March, word came from Béxar that the Indians had attacked the capital and areas of the Río Grande, killing a few of the settlers. From Laredo came the equally distressing report that hostile tribes had closed in on Nuevo León towns. Don Bernardo reorganized the small observation parties. Each unit was made up of a corporal leading two or three men. He then ordered them to be set up along the frontier.

Later, he instructed Commander Elosúa to shift the main body of his troops to the towns that stood in the most immediate danger. He also wrote Commander Ahumada in Texas ordering him to be on alert to prevent a repetition of Indian attacks.

The month of May brought news that hostile tribes were in the vicinity of Revilla. To meet this possible threat against the safety of his beloved birthplace, Don Bernardo promptly sent Lieutenant Nicasio Sánchez and fifty men. There were other disturbing reports.

In Coahuila, the Lipans were on the rampage; in Texas, the Towakoni were likewise causing trouble. Indeed, Don Bernardo's documents during this time are filled with accounts of Indian troubles within the Eastern Interior States.

There was one bright spot, however. In the gloomy picture of the time, Don Bernardo got good news. That was the fact reported in a letter from Ahumada in Texas that Don Bernardo's policy toward the Indians was working. Peace with the Cherokees was now a reality.

In June, possibly as a result of the growing tension on the frontier, Secretary of War Pedraza ordered that the units, provided for by an act of March 21, 1826, should be put in top combat condition. Don Bernardo promptly ordered all vacancies in these units filled with qualified men.

The minister of war also issued instruction at this time that the Lipan Indians should not be allowed to mix with other tribes friendly to the Mexican nation. Indian problems continued to occupy Don Bernardo until September 6, 1825, when General Don Anastasio Bustamante succeeded him as commandant general.

Despite the heavy tasks of his office and the many troubles he faced, Don Bernardo seems to have performed his duty remarkably well. This was in spite of the lack of sufficient troops and equipment. No serious uprising occurred in the Eastern Interior States during his term, nor is there any evidence to show that he acted unwisely or unfairly in dealing with his subordinates.

Though relieved of his command of the Eastern Interior States, Don Bernardo retained for a brief period his position as commandant general of Tamaulipas. Because of ill health, he soon requested to be relieved of this post as well. He needed to tend to his medical needs in Monterrey.

Comanche warriors, c. 1870.

Comanche party, c. 1870.

# Native Americans in Texas

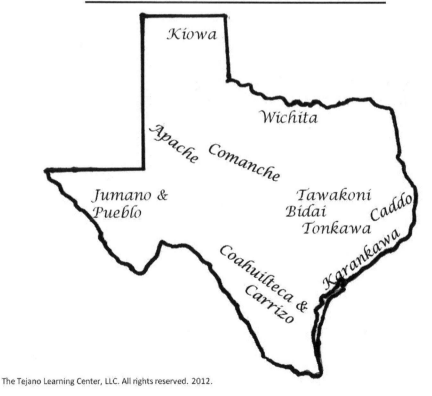

Kiowa

Wichita

Apache    Comanche

Jumano &
Pueblo

Tawakoni
Bidai              Caddo
Tonkawa

Coahuilteca &        Karankawa
Carrizo

# XVIII

# *Breve Apologia* (Brief Statement) —Don Bernardo Defends His Honor!

D ON BERNARDO WENT to Monterrey seeking rest. He did not find it! He began his medical treatment on March 15, 1827. Then, he learned that he was being attacked in the press by a Dr. Jose E. Fernández, a government deputy.

Dr. Fernández levied three accusations against Don Bernardo. First, that he had conducted himself in an arrogant, ostentatious manner, behaving much like a despotic monarch. Second, that he was responsible for the execution of someone whose case Don Bernardo had been asked for advice. That was the situation that Don Bernardo got involved in when he had visited Refugio shortly after being made governor. Third, that he had overstepped his authority in discharging an administrator of the Maritime Customs Department.

At first, Don Bernardo ignored the harmful libel. However, his accuser opted to read his charges in front of the general congress. Defending himself against the accusations, Don Bernardo published in May 1827 his *Breve Apologia*.

In this paper, he gave a summary of the services he had rendered his country. It included the time he left Revilla in 1811 until he gave up his position as commandant general. He also answered each of the charges.

He answered the first charge. He said that far from acting in an arrogant manner, he had never traveled in an official capacity except on horseback. While traveling, he only took a small retinue to accompany him.

As to the second charge, he said that the individual had been tried and convicted per the law. He repeated the fairness of blind justice in dealing with evidence presented in court.

He then answered the third charge. He described the formal steps that he had taken in firing the customs officer. Again, he described the evidence as to the removal of the civil servant.

However, his enemies were not satisfied. In March 1828, President Guadalupe Victoria asked Don Bernardo to come to the capital. The ill and saddened Don Bernardo made the strenuous journey to Ciudad Victoria to account for his alleged misconduct.

Upon his arrival, he immediately asked for an audience with the permanent commission. His request was granted. He declared his innocence once again. Then, he presented an account of his past deeds as proof of his loyalty and love of country. The commissioners met later. They found no reason to keep Don Bernardo in the capital. They then allowed him to return to Monterrey.

Although the final decision was deferred until the congress met at its regular session, Don Bernardo was never called again. It may be that his enemies' objective had already been fulfilled. That is, they merely wished to humiliate him.

After living through the mean spirited ordeal at Ciudad Victoria, Don Bernardo returned to Monterrey. He did not stay there long. In June 1828, he returned to Revilla to spend his declining years with his family and friends.

# XIX

# The Old Soldier Answers the Call to Duty One More Time!

THE NEXT YEAR, a rumor spread throughout the country. The word was that the Spaniards were sending an armed force to attack Tampico. Mexico was again shrouded in fear. Always the patriot, the ailing Don Bernardo attempted to fight for his country once again. Writing to General Bustamante, he volunteered his help. Knowing that the old soldier was ill, General Bustamante ordered him to remain at his home in Revilla.

The next few years passed slowly for Don Bernardo. Aged and ill, he was kept from getting involved in the continuing turbulent history of Mexico.

In 1836, he heard with great sadness that revolution once more raged in Texas. His battle hardened Tejanos were now siding with Anglos to seek Texas independence from Mexico. The dramatic events at the Alamo this time may have saddened the signer of the first independent state of Texas constitution in 1813.

By now, he was aware of a new wave of U.S. immigrants. Highly unfriendly, they were asking for more and more land. In addition, daily reports said that their increasing numbers streaming into Texas illegally were much more than the country's law enforcement agencies could handle.

It must be noted that the first immigrants from the United States had come to Mexico to become Mexican citizens. However, this new breed of immigrants had their own designs as to the future of his beloved Texas. The road to independence that he had carefully started so long ago was now taking a different turn. The Anglo expatriates were leading Texas on a course he had never envisioned. Sadly, his worst fears came true.

Don Bernardo saw the events as a type of friendly betrayal. These were the very people that had encouraged Texan and Mexican independence from Spain, during his vital trip to Washington DC. He must have wondered if indeed he had been witness to the U.S. master plan of expansion that cold day of December 1811.

On October 30, 1839, yet another armed force threatened the region. At the time, there were frequent skirmishes among pueblos in Tamaulipas and elsewhere in Mexico. Some were in support of the central government and others against it. The Republic of the Rio Grande was one such uprising quelled by the central government.

Thus, the sixty five year old hero, Don Bernardo, mounted his steed one more time. He rode to meet the attackers. Don Bernardo and his men put up a gallant defense of their town. However, in the ensuing bloody struggle, they were forced to surrender.

After the insurgent leader had taken the garrison, he went on a wild tour of outrage, pillage, and plunder. He sacked Don Bernardo's home. Adding to the infamy, it is said that the rebel boss brutally tore the epaulets from the shoulders of the aged hero. Only by the intervention of supporters within the rebel ranks did Don Bernardo avoid further violence.

Don Bernardo was released in the town of Mier shortly after. He then returned to Guerrero, Tamaulipas. (Revilla had been renamed). Don Bernardo was wounded both in body and spirit. On the other hand, he was proud that he had yet again done what he had been born for—to do his duty.

## The Republic of the Rio Grande, 1840
### (The Mexican States of Coahuila, Nuevo León, and Tamaulipas)

Texas

Louisiana

San Antonio River

Coahuila

Tamaulipas

Nuevo León

Texas southern border
(Nueces River)

Rio Grande

Gulf of Mexico

**— — — = Northern border of Coahuila and Tamaulipas (now in present-day Texas).**

Republic of the Rio Grande Capitol Building, Laredo, Texas.

# XX

# The Knight at the End of His Journey!

ON JANUARY 1840, Don Bernardo sensed that his time was drawing near. He made his will. Soon after, his son José Angel took his father to Linares. He remained there until May 4, 1841.

At that time, Don Bernardo chose to go to Villa Santiago to be with his daughter, Maria Eugenia. Don Bernardo and Doña Maria Josefa had four other children. Their names were José Sinforiano, José Januario, José Ladislao, and José Alejo.

To comply with their father's wishes, José Angel and José Ladislao built a wooden plank on which they could carry him. His devoted son, José Ladislao was a big help to Don Bernardo. The old soldier could no longer ride a horse or to travel in a stagecoach. The scene of two loving sons tending to their ailing father, the hero, must have indeed shown a most poignant portrait.

José Angel and his siblings must have surely found some comfort. They knew that their ailing father lying in front of them was the same larger than life brave man. As a young lad, Don Bernardo had chased after marauding Indians. He was the "People's Champion". He had successfully led troops in several battles.

Don Bernardo had eloquently written the first Texas liberty documents, the declaration of independence and the constitution. He had been active in writing the first chapters of Texas independence history. He had been the first president (governor) of Texas. He became the first governor of Tamaulipas. This made him governor of two different states.

This was the same man who had a gift of communication and diplomacy. He was the person on whom Father Hidalgo had trusted to send on "the trip heard around the world". He had opened the first talks between Mexico rebel forces and the U.S. president James Madison and the future president, James Monroe.

He had never pretended to be nor did he ever act as a Napoleon. Even though, he had reached that level of military genius and leadership. He was not and didn't pretend to be a Roman Caesar. Though, he had reached that level of magnanimity.

Don Bernardo radiated honor, a type of honor possessed by few men in history. He, who had given his all, had lost it all in the name of freedom. In his later years, he never allowed himself to be consumed by anger because of his material loss.

In the final analysis, he asked for little in return for his firm patriotism. He believed that it was his moral duty. That is the mark of a true knight. He had evolved from a rare breed of men who are driven by courage. He just happened to be from Revilla, the *villa del norte pueblito*, by the lower Rio Grande!

Almost as soon as they arrived in Santiago, Don Bernardo began to grow rapidly and steadily worse. Bedridden, he called for a priest. The priest administered the last rites to the dying hero. Lucid to his last dying breath, Don Bernardo dictated a letter to José Angel. He asked his son to deliver the letter to his wife Doña María Josefa, who was still in Revilla.

Don (Colonel) José Bernardo Maximiliano Gutiérrez de Lara Uribe died at 2:00 pm, May 13, 1841. He was buried in the Santiago parish church near the altar of San Jose, his patron saint.

# POSTSCRIPT

DON BERNARDO'S SAGA has all the qualities of a great historic epic: love of family, faith, honor, gallantry, chivalry, patriotism, courage, sacrifice, suffering, intrigue, and drama. He helped light the fuse of Texas self-determination. He and his family suffered greatly for many years because of his commitment to set Texas free. Yet, it is quite a tragedy that our hero is little known by several generations of Texas schoolchildren. Many other heroes who did much less for Texas independence have long overshadowed Don Bernardo in our history books.

Although several respected historians have written of Tejano heroes, such as Don Bernardo, their stories tend to be treated as no more than footnotes in Texas history. Here was a man of character who had a gift of leadership, whose scope of positions he held was without equal.

It is said that the true leader inspires others to follow. This genuine Texas hero didn't just display this characteristic once in his career, he proved it throughout his life. It is this quality that the reader should remember most of all. For example, Don Bernardo was asked *by others* to lead in all three critical phases of his life.

First, he was immediately made a lieutenant colonel in the Texas revolution. He led the Texas army in a series of battles, taking over the provincial capital of Bexar and the Alamo. He became the first governor of an independent Texas. He issued the first Texas declaration of independence and its first constitution.

Second, while in exile, his leadership and wisdom did not go unnoticed. A lot of people sought his advice and counsel. He assumed responsibility for ensuring the safety of U.S. and Mexican settlers. Don Bernardo and his battle-hardened Tejanos helped the United States defeat the British at the Battle of New Orleans. In appreciation, General Andrew Jackson allowed the Mexican-Tejano green flag to fly proudly in victory next to the Stars and Stripes.

Third, on his return to a free Mexico (and Texas) after an absence of over ten years, he was welcomed as a conquering hero. Because of the respect he enjoyed from his fellow citizens, he became the first governor of Tamaulipas. In addition, he was the administrator for the operation of four different states at the same time. Don Bernardo was no ordinary man.

One can only wonder if Texas would still be independent today had Don Bernardo succeeded in bringing to fruition his first independent state of Texas in 1813. Far from being a "footnote," he was a passionate Texas patriot and diplomat who dedicated his life to do his duty. His superb story must be told.

In summary, Don Bernardo's courage and devotion to duty are unsurpassed in Texas history. If the greatness of warriors is measured by the number of heroic deeds performed by them, Don Bernardo's credentials have earned him the distinctive honor of being called a great leader. In the final analysis, Don Bernardo *was* indeed a great Texas hero!

Jose Antonio Lopez
Universal City, Texas

JOSE ANTONIO LOPEZ

# La primera independencia de tejas, 1813

# DEDICATORIA

A la memoria de mi madre,

Maria de la Luz Sánchez Uribe de López

Muchas gracias mamá

por tu diligencia llena de inspiración.

# INTRODUCCIÓN

HA SIDO UN privilegio haber hecho la traducción de esta obra de José Antonio López, quien aprecio por nexos de familia. También somos ambos adeptos a la historia, especialmente aquella que aconteció en el sur de Texas antes de 1836, lapso de tiempo que paso inadvertido en los anales de la historia Texana.

Es inaudito pretender que durante este tiempo no hubo nada digno de contarse para la posteridad, y haber dejado esta página en blanco exponiendo a generaciones enteras de Texanos de extracción Mexicana a una ignorancia totalmente injustificada.

La identidad de estos seres se pierde al paso del tiempo por la ausencia de un expediente (una historia) que los respalde; de una divisa que los haga sentirse orgullosas de su pasado; de no identificarse con heroes de su propia estirpe. Si no hay pasado, no puede haber historia, ni mucho menos puede haber héroes. Estos tres factores son sumamente indispensables para un desarrollo integro de la personalidad.

Los eventos históricos junto con sus héroes que conocemos en la actualidad son completamente extranjeros – o son mexicanos (México) o son anglos sajones de (E.U.). Ni uno ni otro puede decirse, son Texanos de origen mexicano. Historia la tenemos y tenemos nuestros heroes, que hoy por hoy se van redescubriendo. Los historiadores modernos ya se dieron cuenta de la importancia y del papel extraordinario que desempeñaron los Texanos de origen mexicano en la historia del sur de Texas.

Don Bernardo Gutiérrez de Lara Uribe es uno de los muchos heroes que pusieron muy en alto el nombre de México y de Texas. Su historia empieza como un sencillo ciudadano de Revilla (antigua Cd. Guerrero, Tamps.) a las orillas del Rio Grande que luchó por la independencia de

México y luego por la independencia de Texas del dominio español. Su historia es fascinante, digna de una película. Si México, por designios políticos no le ha concedido un lugar preponderante en su historia, nosotros, como Texanos de extracción mexicana, lo celebramos por todo lo que hizo por Texas.

Es nuestro deseo, que estas generaciones y aquellas por venir, sepan aquilatar el valor que tiene este personaje que fue un gran militar, un estadista, y un diplomático. Ahora si podemos decir con orgullo, "¡Este es nuestro héroe!"

Joel C. Uribe

# PREFACIO

Hubo siete banderas sobre Texas.

La bandera verde – primer lábaro de la independencia de Texas.

Fue la chispa que encendió la revuelta por la libertad en nuestro estado.

Al principio fue un tenue rayo de linterna labriega, que se expandió como la luz potente de un faro, conduciendo a Don Bernardo al mando de su ejército para el llamado de la libertad.

No fue una bandera de conquista, fue un pabellón de auto gobierno.

No fue una bandera para erigir un imperio, fue una divisa para terminar lo injusto.

Fue una bandera preciosa, envolviendo a los que la llevaron con los ideales de la igualdad.

Fue el primer aliento de vida nueva,

> El primer paso de un largo viaje,

> > La señal de un nuevo principio.

Es la bandera verde, el primer lábaro de la independencia de Texas.

# PROLOGO

M I MADRE VIVIÓ en San Ygnacio, Texas, y se sentía especialmente orgullosa de sus fuertes lazos ancestrales desde la época cuando Texas era parte de la Nueva España. Como prueba contundente de sus raíces pueblerinas, mamá gustaba de compartir el hecho de su nacimiento cuando su padre se encontraba reuniendo el ganado. Nos cantaba las viejas canciones que describían las crónicas orales, grabando en nuestras mentes los eventos sobresalientes durante los dias aciagos en los rodeos de ganado.

Era una gran narradora de cuentos. De esta manera divertía a mis hermanos y a mí con historias de nuestros ancestros. A menudo incluía la frase, "Es tu herencia sin igual." Aun tengo grandes recuerdos de las hazañas que ella contaba. En particular hay tres historias que quedaron indelebles en mi mente hasta el presente.

La primera constituye el momento relevante, un punto de partida en la historia de nuestra familia en el sur de Texas. En 1822, la bisabuela de mamá, Doña Ignacia Gutiérrez de Lara Uribe, viuda y sus dos hijos menores (Blas María de once años y Juan Martín de nueve) partieron de Guerrero (Revilla) hacia lo que es hoy el Condado de Zapata cruzando el Río Bravo (Grande). En ese tiempo, el Río Grande no era una línea divisoria política como lo es ahora, más bien, era un rio local donde las familias Hispano Mexicanas se establecieron en ambos lados desde 1750.

El hecho más significativo de esta re locación fue la proeza de Doña Ignacia de haber cruzado el Río Grande desde Guerrero sin la ayuda de nadie. Lo hizo por sí sola. Haciendo su estancia valerosa en medio de una tierra hostil del Sur de Texas, ella desafío hasta los embates súbitos de los indios. Enfrentó grandes sequias, tormentas y otras penalidades y llegó a sobrevivir y a prosperar. Haciendo frente a la inseguridad con denuedo y asombrosa resolución, llegó a establecerse en el Rancho Uribeño. Con fe, firmeza de carácter y determinación logro el éxito y saco adelante a sus dos hijos.

Como dato especial agrego el hecho que Blas María mi tatarabuelo, llegó a triunfar como hombre de empresa, comerciante y respetado como un líder de la comunidad. Respaldado por su tenacidad y ética en el trabajo que había aprendido directamente de su madre, logró la operación en el ramo de la ganadería incluyendo el negocio de transporte de mercancía. Su rancho era un paraje importante para los mercaderes que transitaban por el "Camino Real de los Tejas" que corría desde Monclova, Coahuila y puntos hacia el norte hasta llegar a la frontera de Luisiana.

El siguiente relato denota la experiencia de dos ancestros nuestros. En 1815 los primos, Cosme Martínez y José Villarreal, ambos nacidos en Revilla, fueron capturados por los indios comanches para ser vendidos como esclavos a otras tribus.

Durante el día mientras espulgaban a los indios lograron que éstos se durmieran, y escondidos en una cascada de agua hasta que oscureciera, lograron escapar hasta llegar a un pueblito consiguieron llegar salvos y sanos a sus hogares. José, un adepto a la astronomía, edifico el cuadrante (reloj solar) que aun luce como reliquia en la casa ancestral fundada por Don Jesús Treviño convirtiéndose luego en un fuerte edificado por so yerno, Don Blas María Uribe I.

Esta mole de piedra arenisca aún permanece como monumento, como un símbolo de fortaleza de aquellos hombres regios, que fundaron San Ygnacio, Texas. Nuestros antepasados y sus vecinos se protegieron aquí durante las emergencias, como lo eran los ataques frecuentes de los indios y de los bandidos. Hoy, este recinto de gruesas paredes, está reconocido como un sitio histórico por el Estado de Texas.

Cuando niños, nos maravillábamos ante el viejo edificio y nos impresionaba el cuadrante por ser único en su clase que hubiéramos visto. Jugando, nos parábamos ante la columna del centinela colocada a un lado del gran portón, y usando una vara al hombro como si fuera un rifle, gritábamos ("¿Quien pasa?"), y de esta manera nos turnábamos como si fuéramos los centinelas. Nos asomábamos a través de las troneras situadas sobre las anchas paredes por las cuales los defensores abrían fuego ante los invasores. Nos imaginábamos la osadía de nuestros antepasados Tejanos al enfrentar el peligro en aquel entonces. (Ver Apéndice #5)

La tercera historia concierne a Don Bernardo Gutiérrez de Lara Uribe. Desde luego, ésta es la base de mi escrito. Mi madre no perdía una oportunidad para recordarnos de estar orgullosos de nuestro descendiente, Don Bernardo. Inspirados por sus historias, mis hermanos y yo nos divertíamos frecuentemente con un juego. Empuñando unas varas al aire, pretendíamos que eran espadas; uno de nosotros imitaba a Don Bernardo que encabezaba sus tropas hacia la batalla. Debo decir que mis hermanos y yo soportamos las burlas y las criticas de nuestros amigos del barrio y de la escuela. Ellos creían que este juego lo habíamos inventado porque nunca habían oído las aventuras de Don Bernardo. No importaban sus comentarios u opiniones porque para nosotros era un personaje real.

Mi madre estaba en lo cierto: tenemos una heredad sin igual. Crecí oyendo éstas y otras historias de interés humano. También supe que no estaba solo. Miles de niños Hispano Mexicanos, desde Texas hasta Colorado siguiendo hasta California, oyeron los recuentos orales de valor por el deseo de sobrevivir de sus padres. Tristemente la historia en las aulas escolares no relata mucho sobre las proezas de nuestros antepasados. Esto fue lo que hizo posible que las historias orales fueron tan especiales, puesto que éstas llegaron a ser el único modo para que prevalecieran al paso del tiempo. No obstante, empecé a escribir la historia de Don Bernardo para enriquecer lo dicho anteriormente. El tema es un gran reto que posiblemente pudiera ser mejor desarrollado por futuros historiadores serios. Más bien, me dejé llevar por el impulso de nuevos acontecimientos. El clamor sobre la historia de la inmigración ilegal que esta arrollando al país, ha aumentado mi interes debido a que algunos ciudadanos Americanos erróneamente igualan el orgullo de la herencia del México Español en el suroeste con el influjo de los inmigrantes ilegales. Este fenómeno sin fundamento se ha reforzado más por la publicidad de políticos y comentaristas miopes de radio y televisión. Ellos creen que la respuesta es hacer del idioma inglés, el idioma oficial. De una manera extraña, es divertido observar cuando uno considera que algunas de estas gentes viven en estados con nombres hispanos como California, Colorado, y Texas.

Sin saber nuestra larga historia en Texas especialmente en el suroeste de Estados Unidos, algunos ciudadanos creen errónecamente que los extranjeros ilegales crearon la comunidad hispanos parlantes en el suroeste de Estados Unidos. Otros cuestionan nuestro patriotismo y lealtad cuando nos oyen hablar español y observan nuestra cultura tan diversa. No entienden que si hablamos el español es porque estamos orgullosos de nuestra herencia, y la mayoría habla muy bien el inglés. Algunos de nosotros vivimos en comunidades donde el español se habla exclusivamente, no obstante, orgullosamente somos parte de nuestro tejido multicultural. Sin lugar a dudas respondemos igualmente a defender nuestro país. La valentía y la lealtad del ciudadano Hispano Mexicano en nuestras fuerzas armadas están bien documentadas, pero ésta es otra historia.

Brevemente escribí mi versión sobre la vida de Don Bernardo como una forma de enfrentar a la historia de Texas pre-1836. Quiero demonstrar que nuestros ancestros Hispano Mexicanos eran gentes reales. Hay tanta información que el ciudadano promedio desconoce o está mal informado sobre nuestra historia singular. Así mismo, deseo que mi crónica llegue a esos ciudadanos que deseen aprender más sobre los aspectos únicos de nuestro Estado y del suroeste en particular.

Por ejemplo, ojalá ellos puedan dar respuestas a preguntas como,

¿Por qué algunos ciudadanos en Texas y en algunas partes del suroeste hablan el español en casa?

¿Cuándo y por qué se inicio la lucha por la independencia de Texas?

¿Que significado tienen los estados Mexicanos de Coahuila y Tamaulipas en la historia de Texas?

¿Por qué muchos ciudadanos, pueblos, comunidades en Texas y varios estados circunvecinos en Estados Unidos llevan nombres en español?

¿Cuándo se establecieron estas comunidades? ¿Quién las construyó?

¿Cómo se convirtió la vasta región del suroeste como parte de los Estados Unidos?

En efecto, la última pregunta es la llave para poner en claro la mayor parte de esta confusión causada por el problema de la inmigración ilegal, y

　　　JOSE ANTONIO LOPEZ

cohesiva a un soberano país como México. Tenían un sentido comunitario con sus propias leyes, reglas y regulaciones. Contaban también con una fuerte producción organizada y un sistema integro del comercio. Dicho de otra manera, Texas y los estados del suroeste son parte del "Viejo México." Ninguna otra área de los Estados Unidos puede reclamar estas características.

Nuestros antepasados construyeron un patrimonio por varias generaciones antes de la taja de los territorios Mexicanos del norte donde ellos vivieron y se convirtieron en parte de los estados del suroeste. En otras palabras nuestros antepasados Hispano Mexicanos no votaron en esta agenda: nomas se vinieron "como agregados a los bienes raíces."

Esta es la razón del por que el idioma español está alrededor nuestro, en los nombres de nuestros estados, ciudades, pueblos y en toda la cultura cotidiana, como lo es el medioambiente del suroeste, su música, comida y el fenómeno de los ranches y los vaqueros. En realidad, quizá nos caiga de sorpresa que en muchos aspectos, el oeste de los Estados Unidos son en naturaleza similar al de Quebec en el Canadá. Como tal, cuando los descendientes de Tejanos y otros Hispano Mexicanos en el suroeste hablan el español y celebran su cultura y sus costumbres, lo hacen porque después de todo, son descendientes de la "Nueva España", y no de la "Nueva Inglaterra."

Finalmente, nuestros ancestros Tejanos eran una gran parte de los fundadores de un área mas grande que muchos países del mundo; un área que se extendía desde el Golfo de México a través de last planadas, por las rocallosas hasta California. Formaron familias, construyeron hogares, caminos y comunidades. Por generaciones enfrentaron muchos desafíos, haciendo uso de su ingenio y de la resolución para sobrevivir. En pocas palabras, nuestros ancestros pioneros Tejanos eran, como lo dice el Dr. Andrés Tijerina en su libro, Imperio Texano, "gente de una estirpe vigorosa que desarrollaron una clara identidad notablemente distinta a la gente del interior de México."

Aunque la mayor parte de estos datos están fuera de los libros de historia, las huellas de nuestros antepasados están resurgiendo, probando que eran entidades reales. Por eso sus historias como la de Don Bernardo, deben darse a conocer. ¡Esta es la mejor manera de preservar nuestra historia!

Con una merecida muestra de respeto a nuestros ancestros, espero que mi breve historia, "El Ultimo Caballero," sirva como un instrumento educativo para aquellos que deseen aprender más de nuestra cultura Hispano Mexicana en el suroeste de los Estados Unidos. En mi opinión, este magnífico legado hace mas legitimo el papel fundamental que los Tejanos desempeñaron en el desarrollo de este gran lugar que llamamos Texas.

José Antonio López

# I

# Los Primeros Dias en Revilla

DON JOSÉ BERNARDO Maximiliano Gutiérrez de Lara Uribe es un verdadero héroe Tejano. Don Bernardo nació en 1774 en el pueblo de Revilla (Véase la nota abajo), provincia de la Nueva Santander, Nueva España, al lado sur del Rio Grande.

Los padres de Don Bernardo fueron Joseph Santiago Gutiérrez de Lara y Doña Maria Rosa Uribe. Tenía dos hermanos – José Antonio y Enrique. Don Santiago era un hombre rico, por el cual el joven Bernardo creció atendiendo los negocios de su padre relacionado con la agricultura y la ganadería. Contrajo matrimonio con su prometida, la Señorita Maria Josefa Uribe. Don Bernardo heredó la gran hacienda al morir su padre. Esto le ayudó a perfeccionar sus destrezas como experto jinete y también encontrar el sistema apropiado para mejorar las operaciones de la hacienda.

———

Nota: No es posible encontrar el pueblo de Revilla (ahora Guerrero, Tamps.) en un mapa de Texas. No obstante, las líneas divisorias de ese tiempo eran muy distintas a las de hoy. Por lo tanto, para obtener una mayor comprensión de la interesante historia, el siguiente resumen del área geográfica ha sido proporcionado.

El pueblo de Revilla se estableció en 1750. Fue una de las *Villas del Norte* establecidas por Don José de Escandón, fundador de la Nueva Santander en lo que es hoy el Sur de Texas. Debido a la jurisdicción de Revilla que se extendía a través del Rio Grande, familias pioneras de Revilla (Viejo Guerrero, Tamps.) iniciaron comunidades en la parte norte del rio, como lo fue San Ygnacio en el Condado de Zapata, Texas. Inicialmente establecido, la frontera norte de la Nueva Santander era el Rio Nueces, justamente al sur de lo que es hoy San Antonio. Después de la independencia de Mexico de España, la Nueva Santander se convirtió en el estado de Tamaulipas. Después de la guerra de Estados Unidos y Mexico en 1848, el territorio del Rio Nueces al Rio Grande se le recorto al estado Mexicano de Tamaulipas y se añadió al de Texas. Así mismo, la palabra "Tejano" se emplea en la historia para referir a los pobladores originales, el Hispano Mexicano y sus descendientes en el área geográfica que conocemos como el "Sur de Texas".

Como un hombre de familia, Don Bernardo vivió confortablemente como hacendado y comerciante en Revilla. Al parecer, la vida era buena. No obstante, las leyes discriminatorias de la Corona Española le enfadaron al grado que se sintió incomodo. España había pasado algunas leyes que favorecían a los Gachupines (las aristocracia española en Mexico). Estas leyes perpetuaron una injusticia económica y social para el ciudadano Criollo como él, de sangre española nacido en América. Sin la situación era difícil para los Criollos, lo era aún más para los mestizos y los nativos Americanos que vivían en condiciones deplorables. ¡Esto también le molestaba!

Tales actividades comunes e injustas por la Corona Española virtualmente eliminaban a los Criollos de tener una voz para conducir sus asuntos económicos y sociales. En 1804, España paso la ley de Consolidación de Vales Reales permitiendo a la Corona el derecho de pago inmediato de todas las deudas. ¡Esto fue el colmo para Don Bernardo! Comenzó deliberadamente a detener su ira para esperar el momento oportuno para tomar acción.

## II

# El Llamado del Deber –
# ¡Contestando al Grito!

DON BERNARDO, UN joven de dieciocho años, había puesto a prueba su brillante potencial como líder al encabezar como alguacil a un grupo de jinetes con el fin de perseguir a unos indios bandoleros que habían robado ganado de los ranchos aledaños. El grupo de Gutiérrez de Lara logro ejecutar al cabecilla de los ladrones y pudieron recuperar la mayor parte de los animales. Obstinado por hacer siempre lo mejor en toda empresa, y demostrando su capacidad como organizador, consiguió ganar un lugar especial como líder en su comunidad. No obstante, ya estaba preparado para una tarea superior como lo era operar un cambio en una escala mayor. Siendo un hombre de treinta años estaba impaciente al igual que un soldado en maniobras esperando órdenes – pero órdenes ¿de donde? ¿De quien? Su anhelo por actuar se vió recompensado no muy tardado.

En un lugar de México, el vigor gradual de los sermones de un cura de pueblo subieron de tono. La osadía de este cura no toleró la injusticia de los españoles. Con la ayuda de otros simpatizantes pensaron que la independencia era la única solución, y con este impulso, el cura se convirtió en jefe de los grandes grupos de criollos y peones.

El 16 se septiembre de 1810, con gran fe, lo único que tenia de mas, el Padre Miguel Hidalgo se lanzo a la revolución iniciándola con el Grito de *¡Viva la Virgen de Guadalupe! ¡Viva la Independencia! ¡Viva México!"* Su ejército de campesinos pobres lograron arrojar a los Realistas fuera de los pueblos de Guanajuato y Guadalajara. Ha estaban en marcha. *El Grito de Dolores* había sido un fuerte llamado de alerta a los mexicanos (y Tejanos) como lo fue la cabalgata de Paul Revere para los colonos en los Estados Unidos. Su férrea y patriótica determinación había encendido los ánimos de todos los Criollos y ciudadanos indígenas. De la misma manera que los colonos en los Estados Unidos, aparentemente débiles, se revelaron en contra de la monarquía Británica, cuando se vieron víctimas de las leyes injustas, los criollos y los campesinos se revelaron en igual forma ante la monarquía Española. Siendo así, Don Bernardo, con su característica de patriota, voluntariamente dejo la seguridad de su hacienda para responder al llamado del Grito para pelear en contra de la fuerza superior de la gran Corona Española.

Imitando a los grandes pontífices de la antigüedad, la figura santa del Padre Hidalgo era muy visible en las líneas de fuego inspirando así a sus tropas mal equipadas. Junto con sus jefes militares, entre ellos el General Ignacio Allende, se acamparon en las provincias del norte. Esta era la oportunidad que Don Bernardo de 37 años esperaba, y tomo la iniciativa para ofrecer sus servicios en persona.

En Marzo de 1811, con el mismo compromiso en serio de un caballero andante de la Edad Media, Don Bernardo ofreció su fusil, espada y posesiones, jurando una promesa de un total respaldo a nombre de la justicia. Frente al Padre Hidalgo dió lectura a una misiva apasionante de su hermano, el Reverendo, José Antonio que compartía sus mismos ideales, ofreció también sus servicios y sus posesiones (detallada en la carta) a la causa por la libertad. Esto no era un ofrecimiento casual.

No hay dos personas que personifiquen la lucha por la independencia de Texas y de México como los hermanos Gutiérrez de Lara, según lo describe Joel C. Uribe en su obra, *La Espada y el Caliz.*, al referirse a estos dos hermanos extraordinarios. Estos increíbles hermanos revolucionarios estaban ligados no solamente por lasos de sangre, pero también, por sus ideales mutuos de libertad. Admirablemente, eran originarios del pequeño pueblo de Revilla establecido a orillas del Rio Grande en 1750. Un lugar no precisamente de fervor revolucionario, el tercer hermano, Enrique, exaltado también por la radiación de la luz de la libertad, se sentía igualmente atraído a la noble lucha por la independencia.

La apasionante entrega de Don Bernardo durante la entrevista impresionó al Padre Hidalgo y a sus militares que de inmediato fue nombrado Teniente Coronel del Ejercito Republicano. Para mayor seguridad, dada su conducta y su presencia, los jefes revolucionarios confirmaron los rumores que oyeron acerca del noble joven criollo patriota de Revilla.

Además, Don Bernardo fue nombrado general en jefe del Territorio de Texas y nombrado también ministro de las fuerzas revolucionarias en los Estados Unidos. Estos nombramientos capacitaron a Don Bernardo aceptar por encima de sus múltiples asignaturas, el viaje tan peligroso a Washington, para buscar la ayuda para la rebelión.

Como testimonio a su valentía y coraje, Don Bernardo supo que los primeros emisarios enviadas a Washington habían sido emboscados y ultimados. Supo de antemano de los peligros que estaría expuesto en este viaje tan escabroso. Los Realistas eran despiadados cuando se trataba de personas con tendencia a la insurgencia. No obstante, Don Bernardo estaba ya en el movimiento y no hubo nada que le hiciera retroceder en su afán de conseguir la libertad independencia para Texas y México.

Unos cuantos dias antes, era un hacendado, y padre de dos hijos pequeños. Ahora, era parte de la rebelión que trascendió por todo el mundo. Vigorosamente partió para buscar el respaldo para la revolución como lo habían estipulado sus jefes. Era un adepto a la escritura, un don que le favoreció en sus comisiones. Con sumo fervor, continúo imprimiendo papeletas y folletos de propaganda para continuar la causa de la libertad. Los jefes de la revuelta mencionaron específicamente la necesidad urgente de reclutar soldados, obtener armas, municiones, materiales y dinero. De esta manera viajo por toda la región buscando voluntarios y contribuciones para continuar la causa de independencia.

Desafortunadamente, el movimiento de independencia sufrió un atraso mayor, meses después que había comenzado. El ejército Español, mejor entrenado y equipado, habían orillado a las tropas débiles del Padre Hidalgo. La caballería, la artillería y la infantería bien disciplinada de los españoles eran demasiado poderosas en contra de las fuerzas rebeldes Mexicanas. El Padre Hidalgo desatendió la estrategia y la táctica básica militar con su pobre ejército de campesinos voluntario, hecho que desalentó al más capaz militar, el General Allende y otros oficiales. La batalla fue un total desastre. La situación que no ayudo, fue la rabia y la sana en la forma que los indios mataban a los Realistas a cada momento oportuno. Como resultado, las fuerzas rebeldes abandonaron el lugar de la batalla, y huyeron hacia las montanas. El General Allende se fue al norte, deseando reorganizarse con la ayuda de los Estados Unidos como lo hizo el Padre Hidalgo. No obstante, fueron traicionados y capturados, como lo fueron los generales, Jiménez y Aldama, ambos líderes de la revuelta. Después de estar en la cárcel por varios dias, fueron ejecutados por un pelotón durante los meses de Junio y Julio de 1811.

Don Bernardo reflexionó que era cuestión de tiempo para que llegaran a Revilla. Los Realistas y los Gachupines estaban ya tras la huella de Don Bernardo. Apresurando su misión para los Estados Unidos, logro juntar a sus seguidores leales informándoles la necesidad de partir inmediatamente. Llevando sus cartas de recomendación y un poco de dinero, partieron para Luisiana. Desafortunadamente, no pudo despedirse de su querida familia. El sufrimiento de la familia Gutiérrez de Lara había comenzado.

# III

# Don Bernardo se Dirige a Washington

ACOMPAÑADO POR UN pequeño grupo de soldados, inicio su viaje por El Camino Real hasta Luisiana. De paso, se encontró con un viejo amigo Tejano, el Capitán, Jose Miguel Menchaca, que andaba prófugo de las autoridades españolas. Don Bernardo lo invito a que se uniera a él en este viaje. Cerca de la franja de diez millas, a la "Tierra de Nadie" ubicada entre las fronteras de Texas y Luisiana, fueron emboscados por los Realistas Españoles. Milagrosamente, sobrevivió al ataque. Don Bernardo y sus acompañantes se reorganizaron y lograron escapar. Tristemente, tres de sus hombres perecieron en el ataque inesperado. Perdiendo algunas de sus pertenencias entre ellas papeles importantes como eran sus cartas oficiales de presentación que se le habían entregado antes de su partida en este viaje tan peligroso. Este fue el incidente más peligroso que tuvo en su viaje. No obstante, tuvo otros encuentros en esta franja neutral con otros bandidos. Más de una vez, el gran comunicador le fue posible evadir otras dificultades conferenciando con jefes de bandidos e indios hostiles. Per fin llego a invadir Luisiana. Dejo a sus soldados heridos en Nueva Orleans para recuperarse. Antes de partir Don Bernardo le pidió a Menchaca quedar4se y estar listo para cuando regresara a invadir Texas y poderlo liberar de la tiranía española.

Con una determinación férrea afrontando toda clase de calamidades, el Coronel Bernardo continúo su viaje cabalgando con tres de sus hombres. Un poco después, estos acompañantes fueron despedidos a insistencia de Don Bernardo que no quiso exponer sus vidas. Su decisión no era extraña. Siendo un jinete adiestrado, hombre de campo, y excelente tirador, le bastaba para cuidarse él solo. Siempre alerta, le fue posible pelear con agentes con instrucciones de matarlo o capturarlo para prevenir que llegara a su meta. Enfrentando las condiciones del tiempo invernal en Tennessee, le fue necesario vender su caballo. Para cntonces, conoció el impresionó a varios oficiales de Estados Unidos en Luisiana y Tennessee. Más importante aun, le proporcionaron con los documentos apropiados para que se presentara en la capital del país. Al fin llego a Washington D.C. en una diligencia, un viaje que le tomo casi cinco meses.

Sobriamente, el gozo de haber terminado la primera mitad de su misión fue ciertamente templada por sus pensamientos de saber cómo su familia estaba pasándola sin él. Desafortunadamente, los Realistas españoles sabían de su misión especial y descargaron su ira en su ausencia. Se le confisco su hogar y cometieron atrocidades terribles y humillantes en contra de su familia en Revilla. Su madre y su esposa fueron víctimas de robo de dinero y otros objetos de valor que poseían. El Padre José Antonio y su hermano menor Enrique fueron golpeados y amenazados de muerte.

El Padre Antonio busco refugio en las montanas. Aunque a las mujeres se les permitió quedarse en casa, se encontraron en una situación desesperante sin dinero y comida. El Padre Antonio trato de darles auxilio como el pudo, pero la situación era sumamente arriesgada, ya que esta ayuda se hacía durante la noche. Los vecinos fueron amenazados de muerte si estos de alguna manera ayudaban a la familia de Don Bernardo. Era una situación realmente adversa para todos. Este era el precio que la familia Gutiérrez de Lara Uribe y sus seguidores estaban dispuestos a pagar para seguir la causa de la libertad de Texas.

Don Bernardo llego al fin a su destino en un día frio y escarchado el ll de Diciembre de 1811. Es aqui cuando tenemos que hacer una pausa para considerar el significado de este viaje. En la actualidad somos en efecto muy afortunados de vivir en una era donde viajar por tierra a cualquier punto de Norte América no es prácticamente un problema. Esto no era una realidad en tiempos de Don Bernardo. Viajar estas distancias no era precisamente para gente débil. En aquel entonces la gente consideraba un viaje largo si se trataba de cuarenta o cincuenta millas de distancia. Además, *El Camino Real de los Tejas* construido por los españoles, estaba más o menos en buen estado y seguro; los caminos entonces casi no existían, eran inseguros y a menudo recorridos por bandidos. En Texas, los caminos que conectaban al Camino Real eran virtualmente veredas y senderos intransitables en tiempos de lluvia. Los caminos en el Estado de Luisiana y Estados Unidos no eran mejores. Estas carencias eran propicias para atraer a gente maleante, bandidos y tribus de indios enemigos. El acceso a las diligencias era limitado y la mayoría de los viajeros se jugaban la vida cuando tenían que viajar ya fuera por gusto o por necesidad. Tales eran los obstáculos que enfrento Don Bernardo desde el inicio de su viaje. No obstante, sin miedo y sin titubear, Don Bernardo viajo 2,000 millas a la capital de los Estados Unidos; las primeras 1,200 millas lo hizo a caballo.

Poco se imaginaba Don Bernardo que su llegada a Washington causaría un jubilo tan entusiasta. El cuchicheo comenzó después de haber llegado a la capital.

Probablemente, por rumores persistentes de su próxima llegada nos queda solamente imaginar la escena. Pudo haber sido su sombrero Tejano, sus botas vaqueras, su atuendo, o su personalidad tan franca y sincera. Poco se registra de este evento único. Sin embargo, el emisario de la revolución Tejana causo un espectáculo de mayores proporciones en Washington. Decir que conquisto a los Estados Unidos sería una expresión exageradamente moderada.

Ciertamente, fue el "primer" vaquero que visito Washington D.C. y entrar a la Casa Blanca. Esto era en los tiempos cuando pocas personas fuera de la región de la Nueva España de Coahuila, Tejas y Nuevo Santander sabían del estilo del vaquero. En efecto, su visita pudo haber sido el estimulo real del fenómeno del turbulento suroeste que estaría presente en la imaginación de todo el país. Solamente se puede visualizar al osado e intrépido, el simpático Don Bernardo interrumpiendo conversaciones y ser el objeto de miradas bien intencionadas, visto con asombro dejando a los transeúntes con la boca abierta. La noticia de la visita del diplomático Tejano se extendido como un fuego por toda la capital. Las mujeres pudieron haber desfallecido ante el cuerpo fortachón de Don Bernardo. Igual que una súper estrella, todos querían conocer al cautivante y carismático desconocido. Los susurros debieron ser bastantes, "*¿Quien es él? ¿De donde viene? ¿Que esta haciendo aqui?* El deseo del día pudo ser "*¡Lo quiero conocer!*" Hasta los jóvenes inquisidores sonando en sus propias aspiraciones pudieran haber dicho, "*¡Quiero ser como él!*"

El encuentro con el Presidente James Madison quien no era el único que quería conocerle, se efectuó de inmediato el 16 de Diciembre. En igual forma muchos dignatarios de otros países querían conocerle también.

Sin lugar a dudas, las misivas enviadas a sus países de origen pudieron haber incluido de antemano los acontecimientos de haber visto y saludar al personaje extraño del lejano y excitante territorio agreste de Texas. Seguramente había sido el viaje que se "oyó alrededor del mundo."

Fue aquí donde conoció a José Álvarez de Toledo, un revolucionario amigo que después por Texas no se vería frente a frente con Don Bernardo. Mientras hizo lo posible por conocer más delegaciones extranjeras, tuvo serios compromisos que cumplir. Como parte de su misión, Don Bernardo conoció a líderes políticos en la Capital. Estuvo dispuesto a aceptar invitaciones a varias excursiones en la misma ciudad en un sentido histórico y de placer. James Monroe condujo personalmente una excursión para que Don Bernardo conociera los edificios de la capital, incluyendo el Congreso en sesión dentro del Capitolio. Tenía la esperanza que algún día el mismo método de la ley propia por representantes elegidos por el pueblo, sería lo ideal para establecer lo mismo en su país. Entre negocio y placer, le encanto ir a las excursiones que se llevaron a cabo durante su visita. Estuvo especialmente impresionado con el pujante complejo industrial del joven país, mismo que sonó en duplicar en casa después que terminara la guerra.

Don Bernardo se mantuvo en Washington el tiempo necesario para discutir con el Secretario de Guerra, Eustis, y el Secretario de Estado, James Monroe los detalles de su pedimento de ayuda. Mientras consiguió su objetivo principal, instintivamente sintió que había un problema. Para estar seguro, el Secretario Monroe le dio una entusiasta bienvenida, congratulando a Don Bernardo por su función de establecer un país hermano americano independiente del cual los Estados Unidos lo verían como a un socio igual en el comercio, libre del control Europeo. Tuvo las más cordiales palabras por el comportamiento y porte de Don Bernardo.

Sin embargo, no le gusto a Don Bernardo lo que oyó del Secretario Monroe en una de sus juntas. Esto concernía a los planes de los E.U. de expansión más alla de la reciente compra del territorio francés en 1803. Monroe también implico que Texas pudo ser parte de la compra de Luisiana. Dado a que esto era un asunto contencioso, su entrevista sobre este particular no siempre fue cordial. Una de esas veces, Don Bernardo se enfado de lo que estaba oyendo de Monroe. Salió de la junta, dejando al secretario con la palabra en la boca. El asunto era bastante claro. Los planes a largo plazo de los E.U. incluían un apetito por el debilitado país mexicano, especialmente la provincia de Texas.

Después de rechazar las insinuantes ofertas del Secretario Monroe para el engrandecimiento de los E.U. y su afán en controlar el territorio de La Nueva España, Don Bernardo ignoro las propuestas y declaro a su país fuera de límites en términos inseguros. Le recordó a Monroe que independencia significa independiente de otras potencias, ya fuera España, Inglaterra, Francia o los Estados Unidos. Específicamente Don Bernardo añadió que en lo personal, no estaba dispuesto a reemplazar un yugo (España) para adquirir otro (los E.U.).

Retractándose de su aparente alarde concerniente a Texas, Monroe manifestó a Don Bernardo que los Estados Unidos no estaban preparado para una guerra con España ya que estaban en el proceso de pelear en contra de Inglaterra. No era posible pelear con dos potencias a la vez. Sin embargo, se le dio permiso de reclutar voluntarios en los Estados Unidos permitiéndole acamarse en Natchitoches, Luisiana. Como novato en el juego de la diplomacia, Don Bernardo había actuado muy bien en su primera misión. Dado las indicaciones, parecía que los oficiales de E.U. subestimaron el talento del vaquero de Revilla.

Proclamo su visita a la capital de E.U. como todo un éxito, su viaje de regreso le tomo mas tiempo que esperado. Lo que se suponía ser un viaje de regreso mas rápido, se prolongo debido a los viajes que hizo a Filadelfia, Baltimore y otras ciudades importantes de E.U. El tiempo tampoco ayudo debido a las bajas temperaturas y muchos caminos y ríos estaban cubiertos de hielo y nieve.

No obstante, navego hacia el Golfo de Mexico el 9 de febrero de 1812. Llegando otra vez a Nueva Orleans, estableció su cuartel general en Natchitoches en abril de 1812. Los jefes superiores que lo habían enviado a su misión, el Padre Hidalgo y el General Allende habían muerto. Fueron capturados y pasados por las armas. Sus cuerpos fueron profanados al inicio de la insurrección. No obstante, la lucha armada apenas comenzaba. Imposibilitado en regresar a su tierra, se sintió como en su casa en Natchitoches, lugar que algún día regresaría por un exilio de diez anos.

Aunque extrañaría a su esposa y a su familia, decidió dejarlos en Revilla hasta que hubiera más seguridad para poder mandar por ellos. La campana estaba por comenzar, y no era conveniente exponerlos al peligro. Este era el calibre de este hombre de honor y de valor. Sacrifico la responsabilidad de jefe de familia para servir a su patria.

# IV

# Sueños de Gloria

LA REVUELTA TEJANA comenzó con la batalla de Nacogdoches donde los revolucionarios encontraron poca resistencia por las fuerzas españolas y los Tejanos fueron aclamados por el pueblo. Aunque todavía estaban lejos de una acción armada, los ciudadanos sin duda alguna habían oído de Don Bernardo y su promesa de deshacerse de la tiranía Española. Algunos soldados realistas se unieron a la causa Republicana. Don Bernardo estaba ahora acompañado por un oficial ex-militar y aventurero, Augustus McGee. Después de su éxito presuroso y recién llegado de Washington, D.C., Don Bernardo escribió a sus compañeros militares y ciudadanos para informarles de las nuevas noticias. Tenía un fuerte sentido de responsabilidad. Como un maestro de la comunicación, supo del valor de tener a sus tropas bien informadas. Igualmente importante, tomo ventaja de dar a conocer el ideal de la revolución por medio de su imprenta hasta donde le fue posible. Tenía grandes planes.

Comunico que había venido con un contingente de voluntarios de los Estados Unidos para liberar el reinado del poder español, al igual que sus antecesores lo habían hecho en contra de la Gran Bretaña. Esto ayudaría a los mexicanos para ser libres y votar para elegir a sus representantes en el gobierno. Les comunico también sobre sus derechos por nacimiento.

Viendo mas alla del conflicto de armas, Don Bernardo dijo que encontraría el modo para incrementar las oportunidades de negocios para todos; respaldar los productos de exportación; mejorar la agricultura, las aéreas sociales y las artes. Intentando hacer eco de los ideales Judeo-Cristianos de los estados Unidos (En Dios Confiamos) garantizo los valores Cristianos al reiterar la función de la Iglesia en la nueva nación.

El animó a los realistas de levantarse en masa en contra de la injusta tiranía y vengar las muertes de los compatriotas cuya *"sangre clamaba venganza desde el sepulcro."* A sus honorables camaradas de armas en Texas, les recordó del sufrimiento que habían padecido, diciéndoles también que habían viajado grandes distancias para asegurar la poderosa ayuda. Las tropas estaban llegando y prometió ayudarlos para vencer a los españoles y mandándoles con sus maletas a través del Océano Atlántico. También tuvo palabras de aliento para los voluntarios de los Estados Unidos.

Sin olvidar a sus nuevos aliados de los Estados Unidos, les garantizó los derechos los derechos que se les había prometido como ciudadanos de la Republica de Mexico al establecerse. Se les darían tierras y acceso a las minas de oro y plata. Tendrían el derecho de recoger y vender caballos salvajes de las praderas Texanas. También, se les daría una parte de todas las propiedades confiscadas después de haber pagado los gastos de campaña.

Poco después que el Ejercito Republicano había ocupado Nacogdoches, apuntaron sus miras al cuartel español en el Rio Trinity al este de Texas, donde se cruzaron los caminos de San Antonio y La Bahía. En Nacogdoches, los Republicanos tuvieron poca resistencia. Los soldados y los ciudadanos estaban dispuestos a declarar su alianza a la causa de la libertad.

No obstante, esta serie de victorias rápidas sobre el Ejercito Español había predispuesto a la rebelión para alcanzar su objetivo. Por lo regular, desprovisto de armas y hombres, Don Bernardo mostro sus habilidades de líder poco comunes, exhortando a sus oficiales y soldaos a conseguir la victoria repetidamente hasta en luchas efectuadas cuerpo a cuerpo. En la batalla de Nacogdoches, la mayoría de los ciudadanos iban detrás de él. Sintiendo que ya era el tiempo para un cambio, un número creciente de soldados realistas y sus familias se unieron también. En forma brillante alcanzó la victoria en las batallas de La Bahía, El Rosillo, Béxar, y El Alazán.

Aunque gozando de gran popularidad entre sus hombres de combate, su círculo interior no andaba del todo bien. Don Bernardo siempre tuvo que explicar sus decisiones a su grupo especial de oficiales. En particular, William Shaler, el agente de Estados Unidos, debió tener su propia agenda y trato de imponer sus deseos a Don Bernardo. Otros oficiales dentro y fuera de su gremio estaban constantemente discutiendo y enredando el objetivo de la rebelión Tejana, por consiguiente, causando gran desconcierto entre las tropas. Este proceder les dio armas a los conspiradores dentro del la junta para desalojarlo de su posición como líder.

Un hecho significativo fue el deceso del Coronel Augustus McGee, confidente y segundo comandante de Don Bernardo, que murió en circunstancias misteriosas. Supuestamente, McGee había conversado secretamente con el enemigo durante el conflicto de La Bahía.

La historia cuenta que el aventurero McGee había tratado de canjear a Don Bernardo por una comisión del Ejercito Real Español para él mismo. Había garantizado que la fuerza rebelde depondría sus armas. McGee había llegado al límite en confiar a unos revolucionarios Tejanos y algunos Anglos sobre este plan. Los hombres rechazaron la oferta. Cuando supo que Don Bernardo se había percatado de la traición, McGee fue declarado muerto por suicidio.

Además de la consternación, ocurrió un evento sangriento después de haber tomado las armas en Bexar. Un grupo militar rebelde había ejecutado brutalmente a un grupo de prisioneros realistas españoles, incluyendo al Gobernador Salcedo. Dirigidos por el Capitán Antonio Delgado, los rebeldes habían tomado venganza en contra del gobernador quien el capitán culpaba de la horrible muerte por decapitación de su padre.

El Capitán Delgado tuvo la desgracia de ver la cabeza truncada de su padre expuesta al público cuando los Republicanos Tejanos toaron las armas en Bexar. Es evidente que ante sus ojos se había hecho justicia. Tomando la masacre como una cuña para desalojarlo fuera del lugar, los miembros de la junta culparon a Don Bernardo de la ejecución del gobernador y sus oficiales. Aunque, sin saber lo ocurrido, como comandante en jefe, Don Bernardo acepto la responsabilidad.

Otra historia dramática se cuenta del guerrero, Don Bernardo durante la batalla de El Alazán. Le había encomendado a un buen amigo, Don José de Jesús Villarreal que trajera a su familia a Bexar desde Revilla.

Don José de Jesús y su hermano Petronilo secretamente acompañaron a la familia hasta Bexar. Viajaban por lo regular de noche por caminos y veredas desconocidas. Estas veredas fueron hechas por animales salvajes y por los indios que transitaban por esa área. Estos caminos eran los únicos lugares más seguros para despistar a los guardias del Ejercito Español. En caso de haber sido capturados y forzados a revelar su identidad, los hubieran pasado por las armas inmediatamente. Gracias a Dios y la astucia de los hermanos Villarreal que cumplieron su misión de llegar con la familia sin la mayor dificultad.

Después de dias angustiosos, la familia llegó un poco antes que empezara la batalla. Don Bernardo estaba totalmente enfocado en la estrategia de la batalla que se acercaba. Cuando se le notifico de la llegada de su familia, su encuentro fue muy breve y en seguida los mando a un lugar mas seguro. Aun montado en su caballo, se supone haber dicho en efecto, "*¡Adelante! ¡Lucharemos por la patria!*"

# V

# Declaración de Independencia para Texas (1813)

EL 10 ABRIL de 1813, Don Bernardo con el Ejercito Republicano derroto al Ejercito Español en Bexar, tomando el Alamo, artillería y otros enseres militares. El 6 de abril 1813, Don Bernardo estableció el primer estado provisional del estado de Texas convirtiéndose en su primer gobernador. Una junta estilo militar (concilio) se formo para administrar la nueva nación independiente.

Su título oficial era "Presidente Protector (gobernador) del Gobierno Provisional del estado de Texas." También en esta fecha 6 de abril de 1813, Don Bernardo y la junta dieron a conocer una declaración de independencia en San Fernando de Bexar, (hoy San Antonio, Texas.)

Influenciada por el francés Jean-Jacques Rousseau y el Anglo-Americano Tomas Jefferson, la constitución claramente proclamaba la herencia y los ideales de Hidalgo. El documento indicaba que el continente Americano era parte de Anglo-América y parte del Criollo Americano. También expresaba la creencia de que Texas era parte de las raíces originales Mexicanas y su revuelta armada en contra de la tiranía Española permaneció como una nación independiente y soberana. Sin duda esta sería como un mensaje cuya señal iba a repercutir en los Estados Unidos, especialmente al Secretario de Estado, James Monroe cuyas veladas ofertas de incorporación fueran rechazadas por Don Bernardo en Washington, D.C.

La declaración también anoto sobre los perjuicios que trataron de enmendar. Por ejemplo, se quejaba de la condición de Texas cuya gente era forzada a vivir con regulaciones opresivas en el comercio, la agricultura y la manufactura. Específicamente hizo mención de que los ciudadanos eran excluidos de emitir su voz en el gobierno. Dicho en términos sencillos, estas eran las grandes razones por las cuales deseaban separarse de España.

Los patriotas Tejanos estaban siguiendo los mismos pasos de sus hermanos en armas con los Estados Unidos, Francia y en otras partes mas. Don Bernardo estaba apasionado sobre esta parte de la lucha armada. Por lo cual ingreso a la revolución. Creía que la injusticia no conocía limites sin tener un lenguaje común.

El horroroso trato que se les daba a los Criollos y a los Nativos Americanos en este país se repitió en otra parte del mundo. Como tal, la lucha en contra de los opresores del la dignidad humana era universal. La gente que hablaba varios idiomas alrededor del mundo se había revelado en contra de los injustos y grandes señores coloniales. Ellos estaban experimentando la libertad por primera vez en el mundo. De esta manera, los forjadores de la Declaración de Independence de Texas proclamaron la autoridad de la gente. Igualmente importante, hicieron hincapié sobre los derechos inalienables por nacimiento.

El 17 de abril de 1813, el ímpetu del surgimiento de la libertad estaba a la vanguardia. Don Bernardo escribió y firmo la primera constitución del estado independiente de Texas. Nuevamente, lo concerniente a las seguridades de las libertades civiles, el documento era un modelo de aquellas escritas por Francia y los Estados Unidos. También contenía los ideales Judeo-Cristianos los cuales retenían las leyes de la fe promulgadas por la religión Católica Romana en el país mientras estas no estuvieran en conflicto con los derechos garantizados a los ciudadanos por esta constitución.

La constitución también concedía establecer una junta o concilio junto con el gobernador de Texas, procediendo a instituir un sistema de elección. Ese mandato garantizaba que los votantes podían elegir sus propios representantes al Nuevo Congreso Mexicano. La copia original de este documento histórico le fue enviada a James Monroe, Secretario de Estado de los E.U. a través del Sr. Shaler, agente de los E.U. en la Nueva Republica. El manuscrito se encuentra en los archivos del Departamento de Estado, en Washington, D.C. (ver apéndice No. 2).

En un periodo de más o menos dos anos, terminaría la contienda. Mexico estaba en vías de una independencia plena de la potencia Europea, España. Debió de haberse celebrado este evento, pero no se llevó a cabo.

JOSE ANTONIO LOPEZ

# VI

# ¡La Intriga Continúa!

DON BERNARDO ACTUÓ en forma estupenda tanto en lo militar como en lo político. Todo lo había hecho bien. En poco tiempo, dirigió a sus hombres en la toma de la Capital española de Bexar. Cuando se percató de los avances del Ejercito Español, el salió a encontrarlos en el Arroyo Alazán. Aquí también ganó la batalla destruyendo lo mejor que el Ejercito Español ofrecía. No obstante, la persistencia en la intriga como en las cortes medievales, el Agente de E.U. William Shaler y Álvarez de Toledo finalmente lograron convencer a los miembros de la junta para deshacerse de Don Bernardo.

Mientras estos hombres habían ganado la confianza de Don Bernardo, su amistad pronto se deshizo. Nadie supo como Shaler y Toledo terminaron por trabajar juntos, ya que, es una coincidencia que Shaler desempeñó como cónsul en Cuba, el país de Toledo, o quizá la colusión pudo haber sido arreglada en Washington, D.C. sabiendo que no podían controlar a Don Bernardo durante su visita a Washington, D.C. El Secretario de Guerra Eustis o el Secretario de Estado Monroe, pudieron haber reclutado a Shaler y Toledo para que actuaran como sus agentes entre los oficiales de Don Bernardo, nunca se supo o se comprobó.

Apretando sus puños sobre los miembros del concilio, Shaler y Toledo trataron de convencerlos para descreditar a Don Bernardo. En lo particular, Toledo publicó varios artículos que no favorecían a Don Bernardo. Por su parte, las acciones de Shaler lograron meter una cuña entre los voluntarios Anglos y Don Bernardo, hecho que lastimó la imagen de Don Bernardo ante los miembros de la junta.

Concerniente a Toledo, Don Bernardo lo conoció en Washington, D.C. cuando Toledo estuvo allí por razones casi similares. En efecto, el estuvo en la capital de E.U. con el propósito de conseguir fondos para la causa Cubana cuando se conocieron por primera vez. Quizá él pensó que la gloria que buscaba como gran general, se realizaría mejor en Texas. Inseguro de su lealtad, Don Bernardo inicialmente lo rechazó. No obstante, cambió de parecer y le permitió adherirse a la revolución después que Toledo juró su alianza a Don Bernardo. A su arribo, Toledo no perdió tiempo en amigarse con algunos de los oficiales de Don Bernardo. En cambio, ellos recompensaron a Toledo con su confianza. Los rumores comenzaron a surgir entre los oficiales y la mayoría de la gente se dio cuenta que estaban minando el mando de Don Bernardo.

Con gran determinación, los críticos de Don Bernardo hicieron campaña para controlar el esfuerzo de la guerra. A su debido tiempo, Shaler y Toledo convencieron a los miembros de la junta para que Don Bernardo fuera reemplazado. Específicamente, la mayoría de la junta creía en un cambio necesario, desde luego era necesario, siendo Toledo el que llevara la victoria al Ejercito Republicano. Por consiguiente, el 4 de agosto de 1813 el presidente de la junta notifico a Don Bernardo que él ya no estaba al mando, siendo Toledo el Comandante en Jefe.

Siempre consciente de los ideales democráticos, la voluntad de la mayoría, con el propósito de preservar la unidad entre los Republicanos, Don Bernardo acepto la decisión de la junta. En el último momento sin embargo, pidió conducir sus tropas para pelear en contra del cercano Ejército Español del Comandante Joaquín Arredondo, que ya se encontraba a las afueras de Bexar. Rehusando su pedimento, el concilio reafirmo su decisión. Los líderes de la junta estuvieron ciegos por la crítica incesante sobre el manejo de Don Bernardo, sin darse cuenta que estaban disolviendo el Ejército Republicano al remover la clave más importante – su líder.

El 6 de agosto de 1813, el desilusionado Don Bernardo se mudó de Bexar para Natchitoches, Luisiana, su casa fuera de su hogar. En un corto tiempo de cuatro meses, se había ido coincidentemente de Natchitoches y ganó una serie de batallas. Entró victoriosamente a Bexar, la capital colonial de la región Española, ahora se encontraba desprovisto de su mando. No regresó a su patria por diez largos años.

No obstante, era dueño de una característica propia de un líder por nacimiento – la habilidad de adaptación. Para él, esta situación no era el fin del mundo. Si Natchitoches era el lugar para vivir, seria donde debería de ir para formular el modo de seguir sirviendo a su país. Recalcando siempre lo positivo hasta en circunstancias precarias, solo se consolaba por el hecho de estar con su querida esposa, Doña Maria Josefa de Uribe y sus hijos. Esta idea suavizo el golpe que había recibido.

Por otra parte, esta felicidad fue empanada cuando supo que su viejo y querido amigo Don José de Jesús Villarreal y su hermano Petronilo habían muerto. Fueron arrestados y ejecutados por las autoridades españolas cuando iban de regreso a Revilla.

Mientras tanto, el Comandante en Jefe Toledo se dio cuenta que el mando no era cosa fácil y debió extrañar el respeto que Don Bernardo disfrutaba con sus tropas Tejanas. Como tal, el nuevo comandante confrontó la insubordinación a cada paso.

En efecto, José Miguel Menchaca, ahora coronel, se encontraba un tanto desconcertado por los cambios. Quizá, el error más grande de Toledo en su plan bélico fue reorganizar sus fuerzas al separar en grupos en unidades de Anglos, criollo-tejano e Indios. Las divisiones Tejano-Anglos habían peleado efectivamente como iguales, lado a lado, ganando batallas recientes en La Bahía, El Rosillo y El Alazán. Menchaca resintió de corazón esta segregación, creyendo que esto sería un impedimento para la victoria, pero desafortunadamente, no tenía el poder de realizar la diferencia.

El retiro de Don Bernardo no pudo haber venido en peores circunstancias. De todos los obstáculos en su ilustre vida, estos pudieron haber sido los más desconcertantes. Después de haber presenciado por él mismo su liderazgo inspirador en varias batallas, ¿Por qué fue, que la junta pidió a Don Bernardo su retiro en este momento tan crítico? ¿Qué pudo haber sido su motivación? Acaso, ¿fueron tan ingenuos que fácilmente los convencieron por críticas destructivas? Si fueron comprados, ¿Justificaría el precio? ¿Hubo otras fuerzas que intervinieron en esto? ¿Tuvo motivos ulteriores el agente Shaler para instigar el despido de Don Bernardo y colocar un nuevo comandante en su lugar?

Como si fuera un caso pre ordenado, el ejército Tejano Republicano bajo el mando de Toledo fue derrotado en la Batalla de Medina, el 18 de agosto de 1813. Su vergonzoso intento para alcanzar la fama termino muy pronto. En la más torpe maniobra, Toledo fue víctima de una trampa puesta por el astuto Joaquín de Arredondo. En un lapso de unas cuantas horas, ¡todo había terminado!

De este modo, en esta sola batalla, el desafiante movimiento revolucionario Tejano llegó a una total suspensión. Otra vez, España volvió a gobernar Texas. Si en realidad los oficiales de E.U. tuvieron un plan secreto para intervenir en esta reyerta y a la vez instalar su propio general, una mejor idea hubiera sido dar más tiempo con el propósito de analizar con detenimiento la situación.

Mientras el número de muertos en la Batalla de Medina aumentó, casi mil patriotas Tejanos en el área de Bexar perdieron su vida. Los Tejanos enfrentaron al enemigo con una entrega y un valor inaudito. Sencillamente pelearon por las más nobles de las razones: la libertad, independencia, familia y su tierra.

Esta demonstración de valor desmedido de los Tejanos se repitió varias veces al enfrentarse con oleadas de tropas realistas por todos lados. Se dice en términos de ferocidad, que la Batalla de Medina era similar a las batallas territoriales efectuadas durante al Edad Media. La sangre corría sin medida debido a los ataques de la caballería, la barrera de fuego de los cañones y el combate frente a frente.

Mientras dirigía sus tropas Tejanas en un contra ataque, el valiente Coronel José Miguel Menchaca fue tirado de su caballo muriendo al instante. Conociendo el valor del Coronel, pudo haber gritado antes de morir, ¡Adelante, los Tejanos no retroceden! Al final de la batalla, los gritos agónicas y desgarradores de los heridos se oyeron por todas los rincones y se esparcieron a los cuatro vientos.

Sin organización y desmoralizados por el caos de la batalla, los sobrevivientes voluntarios Anglos estaban aturdidos y desorientados. El final tuvo un doble significado para los Tejanos que tenían familias en Bexar. Por un lado, habían perdido la batalla, por otro lado sabían que ante los desechos de la guerra, sus familias serian las próximas.

Por otra parte, los pocos soldados Tejanos hicieron lo que los seres humanos responsables harían en su lugar. Delante del victorioso Ejército

Español se dispusieron a buscar y a proteger a sus familias. Desde luego, los voluntarios Anglos no tuvieron ese problema ya que sus familias estaban seguras en los Estados Unidos.

No basta describir todos los detalles del significado de esta batalla mayor. Con menos gente y armas, un batallón de aproximadamente mil soldados hizo su última resistencia en un día caluroso en la Batalla de Medina perdiendo el noventa por ciento de lo suyo sin hablar del sacrificio al igual que los Espartanos en Termopila. Tristemente, esta instancia de valentía y muerte de más de 850 soldados Tejanos en su lucha por la independencia de Texas, se pierde en las páginas de la historia de Texas.

Aunado a la indignidad de la derrota en la Batalla de Medina, los victoriosos españoles cometieron un acto final de irreverencia. Emulando a los caprichos de los generales romanos, el General Joaquín de Arredondo dejo los huesos de los heroicos Tejanos caídos en el campo de batalla a una distancia de veinte millas al sur de San Antonio. Alli permanecieron expuestos a los elementos por más de nueve anos como un recordatorio a otros Tejanos que la insurrección no debía de tolerarse.

No queda más que preguntarse si el liderazgo inspirante de Don Bernardo hubiera hecho la diferencia en esta decisiva batalla y haber evitado tal sacrilegio. ¡Nunca lo sabremos!

# VII

# ¡El Exilio en Natchitoches, Luisiana!

L OS EVENTOS RECIENTES en Texas pesaron bastante en la mente de Don Bernardo en Natchitoches. Sintió la pena que sus firmes esfuerzos se esfumaron buscando una republica Mexicana. Esto permitió a los que él consideró enemigos de la libertad, ahora encabezaban la causa Tejana. En agosto de 1813, su adversario, el General Arredondo entro triunfante a Bexar, deshaciendo todo aquello que los revolucionarios habían peleado tanto por conseguir lo que ya tenían.

Todos sus sueños de un México democrático se esfumaron aquella tarde en la Batalla de Medina. Lo que pareció al principio como un rayo de esperanza ante los ojos de sus entusiastas patriotas, se convirtió en una fatal tormenta de obscuridad. Recordando sus victorias pasadas de la causa, incluyendo la toma de Bexar, pensó si lo que hizo había sido lo suficiente para alcanzar el éxito.

Si sus pensamientos abrumadores no fueron suficientes, Don Bernardo se convirtió en el hombre mas perseguido. Esta vez, no era el blanco de los españoles realistas, sino el asecho de sus propios compañeros. Estando insatisfechos por haberlo retirado de su puesto, el grupo de Toledo puso a sus agentes sobre su pista. Se les instruyo comunicar a Toledo y a sus conspiradores de todos los movimientos de Don Bernardo. Recién llegados a Natchitoches, Don Bernardo y su familia se arrimaron a la casa de un amigo que les brindo un techo provisional. La amenaza de su vida fue tan seria que en una ocasión, Don Bernardo y familia tuvieron que huir para esconderse en el monte.

Las noticias del debacle en Medina pronto llego a Natchitoches. Ver a los sangrientos y atropellados refugiados cruzar el Rio Sabine para entrar a Luisiana pudo haber sido unas de las escenas más tristes para Don Bernardo. Se le notifico sobre la derrota militar por algunos soldados sobrevivientes que se detuvieron para saludarlo. Estos peregrinos recogieron a sus familias lo más pronto posible, y partieron hacia el Este hasta llegar a la tierra segura de Luisiana. Don Bernardo hizo lo posible para calmar sus penas y les brindo asistencia a los nuevos exiliados Tejanos en los Estados Unidos.

De vuelta en Bexar, cientos de mujeres y niños inocentes sufrieron lo indeseable durante esta traumática experiencia. Desenvainando su espada, el General Arredondo no pudo ni fue capaz de mostrar la más leve misericordia, ya que a toda costa estuvo imponiendo el orden en Texas.

No tuvo la menor piedad al ejecutar y descargar su horrible venganza sobre los sobrevivientes de la insurrección. Hombres que aun estaban en la flor de la edad fueron recogidos y ejecutados al instante. Los hogares de aquellos que sospecharon ser simpatizantes o colaboradores de los rebeldes fueron confiscados o quemados. Los realistas Españoles volvieron a San Antonio y al Presidio del Alamo.

# VIII

# ¡Se Busca – Vivo o Muerto!

DON BERNARDO, FRANCISCO Ruiz, Toledo y otros ahora tenían un precio sobre sus cabezas: Ofrecieron quinientos pesos para la persona que ejecutara a cualquiera de ellos; y mil pesos si se les capturaba y fueran traídos vivos a los oficiales Españoles. En conclusión, los líderes Republicanos no aparecieron en la amnistía de Arredondo. Otra vez, *Los Gachupines* estaban en el poder en Texas.

Como un mensaje recordatorio, esta persecución era otra de las muchas veces que Don Bernardo tuvo un precio por su cabeza. Enterándose de su misión secreta a los Estados Unidos, las tropas realistas Españolas lo persiguieron sin cesar en sus viajes por El Camino Real de los Tejas. Por su perseverancia de seguir adelante pudieron sobrevivir varias emboscadas. Los Gachupines mandaron también agentes tras de él, pero afortunadamente Don Bernardo los derrotó.

Además, el General Arredondo amenazo a la familia de Don Bernardo y a sus vecinos. Mandó un comunicado a las autoridades de Revilla informándoles que aquellos que dieran o vendieran algunos enseres para ayudar a Don Bernardo y a sus rebeldes, se les castigaría apropiadamente. La destrucción y el saqueo a las familias Criollas continuo sin tregua.

El hermano de Don Bernardo, el Padre José Antonio le concedieron un indulto de parte del Comandante General Español. Por mas de dos años el padre vagó por las montañas llevando la vida de un paria. No quiso que por su culpa otra gente saliera lastimada y por esta razón evitó el contacto humano lo mas que pudo. No obstante, sin encontrar lo suficiente para sobrevivir, se extenuó de tal modo que pudo haber muerto de inanición. Le preocupaba el cuidado de su madre si él moría en las montañas.

Cansado de vivir en esas condiciones, y preocupado por su propia salud y la de su madre, escribió una larga carta al obispo de Nuevo León explicando sus acciones. El obispo se conmovió tanto por la petición tan bien presentada que sacrificó su posición para proteger al Padre José Antonio y su causa ante las autoridades Españolas. No fue tarea fácil. El Padre José Antonio había sido una figura importante al inicio de la revolución. Después de algunas negociaciones delicadas, el obispo convenció a los oficiales Españoles para que oyeran la defensa del padre.

Permitido entregarse, el Padre José Antonio se presentó en unas condiciones desastrosas. Cada hilacha de su ropa, la había confeccionado él mismo con hojas de palma y cabos de paja. Su calzado estaba hecho con pedazos de madera y pezuñas de mula invertidas acomodadas sobre madera y atadas con tiras de palma. Otras de sus posesiones era un sombrero que él mismo hizo, una bolsa llevada al hombro y un bastón hecho de la rama de un árbol. Su pelo y su barba le llegaban debajo de la cintura. Ya era tiempo que el buen sacerdote se incorporara al mundo civilizado.

En una audiencia conducida por las autoridades militares españolas y el obispo, se determino que en efecto él era hermano de Don Bernardo. El Padreo José Antonio ya había sufrido bastante. Permitiéndole su defensa, apasionadamente explicó sus circunstancias. Después de oír su caso, el comandante Español decreto que el padre no sería castigado. Las únicas condiciones eran que sus actividades estarían limitadas a sus responsabilidades como sacerdote y estuviera al cuidado de su madre enferma. Además, otros miembros de la familiar Gutiérrez de Lara Uribe quedaron también absueltos. Desde luego, la única excepción era Don Bernardo que había participado como líder en la insurrección armada en contra de la autoridad de la colonia Española. ¡Su cabeza tenía un precio!

# IX

# ¡Jamás Claudicar en la Lucha!

DE ESTA MANERA, el primer Estado independiente de Texas llego a un final un tanto prematuro. No obstante, esto no desanimo al ex gobernador del Estado de Texas y Comandante en Jefe de su ejército. Viéndolo como un menor atraso, la intención de Don Bernardo era jamás darse por vencido en la lucha que había comenzado en 1810. ¡Su visión de un Texas independiente estaba intacta!

El hecho de que hubo algunos grupos de rebeldes por todo México le sirvió de consuelo. De vez en cuando, recibió comunicaciones de inteligencia que indicaron que estos revolucionarios estaban haciendo avances en contra de los realistas. De este modo, las noticias de sus progresos alimentaban su sueño de un México libre y soberano. Los miembros que quedaron del ejército Tejano se encontraron por doquier, unos escondidos, otros dispersos por toda la frontera de Luisiana igual que él. Sobre este particular, Don Bernardo y sus compatriotas se mantuvieron ocupados proyectando otras rebeliones en contra de la Corona Española porque quisieron estar listos en caso necesario para ayudar a sus compatriotas en su tierra natal.

En abril de 1814, Don Bernardo llegó a Nueva Orleans. Durante este periodo de dos anos, ideó minuciosamente y escucho muchísimas propuestas detalladas para otras expediciones en Texas. El más reciente plan concebido secretamente por algunos individuos fue que aun querían el liderazgo de Don Bernardo para que se hiciera cargo de ejército de dos mil hombres. Esto era el testimonio de absoluto respeto que los organizadores tenían por el genio militar de Don Bernardo. Viendo que el proyecto pareció ser un éxito, Don Bernardo acepto. El reclutamiento comenzó bien. Desafortunadamente, el plan secreto se hizo público. Muchos de los promotores se asustaron, impidiendo para que Don Bernardo consiguiera fondos. Por consecuencia, los preparativos fueron de mala gana abandonados.

Desesperadamente tratando de buscar ayuda donde se pudiera encontrar, Don Bernardo envió a un emisario para abrir negociaciones con el dictador de Haití, Alexandre Petión. Siendo un mercenario Petión previamente ayudo a insurrecciones armadas en el Caribe facilitándoles hombrees y provisiones para aquellos que podían pagar estos servicios. Esto no era el caso en este momento. El enviado de Don Bernardo fue con la petición por tropas, equipo y asistencia financiera. No obstante, el dictador, declaró que Haití era neutral, y no podía proporcionar las asistencias a la causa Republicana de Texas.

Encontrándose en una situación desesperante y sintiendo que el tiempo era de mayor esencia, Don Bernardo miró a través del Atlántico hacia Inglaterra para pedir ayuda. Entre las potencias europeas, Inglaterra era lógicamente la más viable para ayudar a derrotar a los españoles. Aunque esta era una opción, no era precisamente realística. No solamente le faltaba el dinero para ir a Londres, sino también tendría que navegar desde los Estados Unidos a la tierra de su enemigo número uno, Inglaterra. Se dio cuenta que esta aventura sería extremadamente difícil o tal vez imposible de hacerla realidad. Ese plan fue de la misma manera abandonado.

# X

# La Bandera Verde Tejana
# sobre Nueva Orleans

E N 1814, EL General Andrew Jackson llegó a Nueva Orleans para defender la ciudad contra un ataque de los ingleses. El valiente Don Bernardo y muchos de los igualmente valerosos y expertos en la batalla, las tropas del ejército Republicano, respondieron a la petición de ayuda del General Jackson en su necesidad de asistencia. Los Tejanos habían peleado bajo las órdenes de Don Bernardo en varias batallas como La Bahía y el Alazán. Pelearon valerosamente en contra Toledo. En total, los México Tejanos estuvieron alli para ayudar a los ciudadanos de Estados Unidos en su lucha por la libertad y pagar la deuda con esos ciudadanos de Estados Unidos que pelearon por México contra España.

Cuando la gran batalla termino, la bandera verde de la Republica Tejana y otras banderas mas ondearon orgullosamente lado a lado junto a la bandera de las barras y las estrellas. Guerreros del estado de Kentucky, Tennessee, Mississippi y los criollos de Texas y del Caribe celebraron la victoria sobre el imperialismo Inglés.

Para muchos líderes, el exilio quiere decir retiro. Es el periodo de reflexionar en pasadas glorias. Para Don Bernardo no fue así. El estuvo bien informado sobre los eventos en México. El llamado a la independencia estaba en su apogeo. Mantuvo una correspondencia regular con su hermano, José Antonio. Además, la mayoría de la gente lo vieron como a un líder y siempre lo incluyeron en sus planes para que él diera el visto bueno. Invariablemente, también lo solicitaron para que encabezara las excursiones. No obstante, como un ser sagaz e inteligente, no cayó en la desesperación para inmiscuirse en ideas mal concebidas.

Mientras se encontraba aún en Nueva Orleans, después de la famosa batalla, Don Bernardo fue solicitado por un grupo de individuos de

Luisiana llamados Los Asociados de Nueva Orleans que estuvieron interesados en liberar a las colonias Españolas. Admirando su liderazgo le propusieron que encabezara una expedición hacia Pensacola en la Florida. Esperaban que las armas y municiones que fueran capturadas ayudaran a las tropas para una expedición en Texas. Es mas, figuraron que la Florida eventualmente se vendería a los Estados Unidos por dos o tres millones. Este dinero se usaría para financiar la campaña. Don Bernardo escucho pero declino la propuesta. En su modo de ver, Los Asociados de Nueva Orleans no podían garantizar si los Estados Unidos no tomarían a la Florida sin reserva.

Don Bernardo regresó a Natchitoches. Durante este tiempo, La Asociación de Nueva Orleans, y otros Americans interesados, les urgía que encabezara una fuerza invasora porque todavía tenían sus ojos puestos en Pensacola. En 1816, otro rumor se extendió asegurando que una expedición marcharía contra Pensacola. De acuerdo a este reporte, Don Bernardo seria el líder en esta expedición. Tan pronto que fuera tomada la Florida, la cedería a los Estados Unidos. Aunque la expedición jamás se llevó a cabo, el plan de Pensacola no se abandonó del todo hasta los últimos dias de Mayo y principios de Junio de 1817.

# XI

# ¡El Más Peligroso de todos es Don Bernardo Gutiérrez de Lara!

A ÑADIENDO A LA interminable intriga, en julio de 1817, un agente español en Nueva Orleans comunico al virrey de la Nueva España describiendo una polifásica nueva ofensiva fraguada para noviembre en contra de la Nueva España. Comunico que los revolucionarios atacarían los puertos de la costa Mexicana con embates marítimos, haciendo posible un asalto por tierra a través de la región. Los comanches y sus aliados estaban listos para atacar desde el oeste. Una segunda división estaría a la defensiva en las montanas. La tercera división atacaría el camino pasando a través de los ríos Brazos, Colorado, San Sabá, Llano y Guadalupe. La cuarta división, encabezada por Don Bernardo incluía las tribus de indios pawnee, tarahumara y Karankawa que estaban equipados para atacar La Bahía y Refugio. Se creía que los hombres bajo el mando de Don Bernardo alcanzaban la cifra de 12,500. A pesar del terror que causo, la expedición nunca se realizo, pero si temían a la reputación de Don Bernardo como un líder militar muy eficaz. La nota del agente sugería un plan de capturar a los líderes rebeldes y colaboradores. De importancia incluía la sorprendente declaración que el *mas peligroso de todos es Bernardo Gutiérrez.*

La última expedición de esta era revolucionaria fue organizada en Natchez, Mississippi, en mayo de 1819. Esta incluyo a Don Bernardo en capacidad de consejero. El ataque fraguado se origino debido al resentimiento sobre el Tratado de Onis-Adams que reconocía a Texas como parte de la Nueva España.

Se le ofreció el comando al General James Adair, pero lo rehusó. Los promotores entonces nombraron al General James Long, un veterano de la Batalla de Nueva Orleans. Long y sus hombres llegaron a Nacogdoches en junio 21 y establecieron el mismo día un gobierno provisional instituyendo una segunda república de Texas. Long fue nombrado presidente del concilio supremo al cual Don Bernardo era miembro. En 1820, Don Bernardo fue nombrado vice presidente.

Un documento, basado en la Declaración de Independencia de los Estados Unidos, se envió el 23 de junio de 1821. Al oír esta nueva amenaza en Texas, los españoles mandaron inmediatamente al Coronel Ignacio Pérez para regresar a los invasores.

Cuando Pérez y su fuerza estuvieron cerca del Rio Sabine, Long y sus seguidores cruzaron el rio dando fin a la Nueva Republica.

El General Long hizo dos intentos mas sin éxito para organizar un gobierno en Texas, pero su carrera como militar finalizo cuando el Coronel Perez lo capturó el 8 de octubre de 1821. Llevado a la Ciudad de México, donde lo encarcelaron, murió poco después. Las expediciones del General Long fueron las últimas de varios intentos sin éxito desde Luisiana para establecer un soberano estado de Texas. Un poco después, la Nueva España se libero de la autoridad española.

# XII

# ¡Al Fin, la Independencia!

LA INDEPENDENCIA DE México de la corona Española, tan arduamente añorada por el Padre Hidalgo, el General Allende, el Padre Morelos, y otros patriotas, finalmente se realizo bajo el liderazgo del mestizo Agustin de Iturbide. Un oficial del Ejército Español, Iturbide se convirtió al lado de la causa revolucionaria, llevándose gran parte de su Ejército con el cual expulso a los españoles de México. Poco después anuncio el Plan de Iguala. Iturbide se convirtió en el primer emperador de México. Estableció un gobierno de regencia el cual incluyo al último de los virreyes, O'Donjou. Debido a sus tendencias despóticas de su administración, el Emperador fue forzado para abdicar en menos de un año después de haber asumido el control de México.

¡Al fin, México era libre! Había sido una larga lucha, pero los ciudadanos Mexicanos estaban exaltados por el gusto de haber alcanzado por fin el éxito. Al darse cuenta de estos eventos, Don Bernardo escribió a su hermano para expresar su júbilo. Escribió a Iturbide el 22 de febrero de 1821 ofreciendo su respaldo en el nuevo gobierno junto con un bosquejo en detalle de lo que estaba pasando en los Estados Unidos. Iturbide respondió expresando sus elogios para Don Bernardo y por su contribución otorgada a su país de origen.

Desde Monterrey, el Reverendo José Antonio, hermano de Don Bernardo, escribió una serie de misivas llenas de ternura y amor filial a su hermano donde también le pedía que regresara a México. El héroe le contesto en igual forma. José Antonio le relató las condiciones en Revilla, incluyendo la pérdida de vidas y más de un millón de ovejas. Describió las privaciones y el sufrimiento de los Revillanos que habían padecido durante diez años en la lucha contra los *Gachupines*.

Expresando su mutuo respeto y amor de hermanos, sus elocuentes cartas fueron escritas en misivas en un estilo magnifico de erudición.

Contenían opiniones en cuestiones de estado, así como frases de emotivos sentimientos. Las cartas de Don Bernardo tenían un tono idealista militar-político mientras las cartas de Don José Antonio poseían una calidad espiritual, intelectual y filosófica.

En una de sus cartas el Presbítero, José Antonio dice, *"Si al soldado le pertenece la guerra, al sabio le pertenecen sus derechos, sus razones, su justicia y necesarias relaciones que debe tener con la paz; y siendo cosa muy difícil que en todo evento se hallen juntos la sabiduría y el valor, claro esta el camino que debe haber en las destemplanzas y violencias del soldado y la serenidad y justicia del sabio."*

Mientras tanto, Don Bernardo aclara, *"No hay gusto en esta vida sin mezcla de amargura. Después de las tan plausibles noticias de la regeneración política de nuestra amada patria, no pensaba y en otra cosa que en esto, sin atreverme a prever acaecimientos desagradables que pudieran producirse de la malignidad ambiciosa de los gobiernos tiranos..."*

Aunque, únicos en su perspectiva individual, sus estilos se mezclaban en una hermosa y continua expresión – lo mejor que existe en la prosa española, el fluido lenguaje de Don Miguel de Cervantes Saavedra. Es obvio, que la comunicación entre los dos hermanos Gutiérrez de Lara, inteligentes y expresivos, era que se extrañaban mutuamente.

Por ejemplo, en una carta fechada el 8 de marzo de 1823 de Natchitoches, Don Bernardo escribió sobre la elección del Emperador Iturbide pero confió en su hermano que había solicitado su regreso para ser parte del nuevo gobierno en el México independiente. Aunque inseguro en dejar su puesto en Natchitoches, describió los mundanos deberes de vender su casa y empacar sus pertenencias – trabajos que no le eran del todo de su agrado. De algo si estaba seguro: le comunico a su hermano, que él solo se iría primero, y de este modo, retrasaría el traslado de su familia hasta estar convencido de su seguridad.

# XIII

# ¡El Caballero Andante Regresa Triunfante a su Hogar, Revilla!

FUE HASTA 1824 que Don Bernardo le fue propicio abandonar sus asuntos bélicos con los indios y regresar a Revilla. Mientras que estuvo en Natchitoches, el viejo soldado se dispuso a estar siempre ocupado haciendo otras cosas además de idear la libertad de su tierra natal. Un líder inquieto que era feliz resolviendo problemas, estuvo peleando con los indios a nombre de Estados Unidos y México. Era una faena que se tenía que hacer, él lo obtuvo con muy pocos recursos.

También cuando estuvo en Natchitoches observo con gran interes un movimiento de oficiales de Estados Unidos que mostraron el objetivo de expandirse hacia el oeste en Texas. Sus sospechas estaban y a confirmadas. Varias veces, él se comunico con las autoridades Mexicanas para estar en alerta. La historia ha probado que sus percepciones no estaban mal fundadas. De todas maneras, él ya había hecho lo mejor que le fue posible, decidiendo regresar a casa.

De acuerdo a su plan de largo alcance, se iría solo. Por razones de seguridad, dejo en Natchitoches a su esposa y seis hijos. Doña Maria Josefa entendió claramente su responsabilidad y acepto la decisión de su marido.

En el periodo durante su ausencia por casi trece años, su madre y su hermano menor, Enrique, habían muerto. El resto de la familia sufrió grandes pérdidas financieras. Poco quedó de su orgullo y su gozo. La gran hacienda que dejo esa mañana de marzo de 1811, para entrevistarse con el Padre Hidalgo en Coahuila, resonó en su mente. El Ejército Español plagió todo aquello que era de valor. Desahogaron su rabia causando imperdonable destrucción en la propiedad.

Si estas impresiones desalentaron el espíritu de Don Bernardo, hubo otros pensamientos que le dieron gozo. La victoria era de ellos por fin. Los agradecidos ciudadanos de Tamaulipas (Nuevo Santander), apreciando sus esfuerzos revolucionarios, le dieron la bienvenida como a un héroe conquistador. Otro evento pronto levanto su espíritu: volver a ver a su entrañable hermano José Antonio.

El encuentro de la Espada y el Caliz finalmente ocurrió. Tan pronto Don Bernardo decidió regresar a casa, su hermano, el Reverendo José Antonio, miembro del Congreso Constituyente en la ciudad de México, regreso a casa cuando escucho las buenas noticias. La reunión emocionante de los dos hermanos heroes se verifico en Padilla, el asiento del gobierno estatal de Tamaulipas.

# XIV

# General Gutiérrez de Lara, Otra vez el Gobernador

MIENTRAS DON BERNARDO estuvo pendiente de los procedimientos en México, sus ciudadanos igualmente supieron de los hechos heroicos de su hijo predilecto viviendo en Natchitoches durante a los diez años previos. Su reputación le precedía. Para probar su gratitud, sus conciudadanos le ofrecieron la gubernatura de Tamaulipas. Según declaración de Don Bernardo, esto paso casi inmediatamente al pisar su tierra. Negándose el placer de regresar a Natchitoches por su familia, se inclino por las necesidades del pueblo una vez mas, aceptando la gubernatura en julio 16, 1824.

(Nota: Como presidente del estado de Texas, Don Bernardo tuvo en esencia haber sido el primer gobernador de Texas. Ahora él tenia la distinción de ser gobernador de dos estados; una hazaña sin precedente en la historia Americana. Lo que hace este honor extraordinariamente único es haber sido el primer gobernador de ambos estados, Texas y Tamaulipas.)

Al mismo tiempo que Don Bernardo estaba disfrutando su reunión con su hermano y preparándose para el oficio, Tamaulipas se convirtió en la escena de un evento que atrajo el interes de la nación Mexicana. Iturbide, el pasado emperador, desembarco en Soto la Marina, un puerto en el estado de Tamaulipas. Debido a sus ambiciones monárquicas, Iturbide lo tacharon como traidor y fue desterrado. Se le había avisado que podía ser sentenciado a muerte si alguna vez regresara a Mexico. Bien sabido del destierro del emperador, los oficiales de Tamaulipas lo arrestaron inmediatamente y fue llevado a Padilla para su juicio. El 18 de julio de 1824, el mismo día que Don Bernardo tomo su juramento para su oficio como gobernador, la corte sentencio a Iturbide para ser ejecutado. No obstante, el Reverendo José Antonio era el presidente de la corte, por lo tanto, se rehusó votar en el juicio de Iturbide. Antes que la sentencia fuera dictada, el Reverendo le administro los últimos ritos de la iglesia al condenado ex emperador de México. El 16 de julio de 1824, el ex héroe fue ejecutado en la plaza de Padilla como si hubiera sido un criminal.

Como gobernador de Tamaulipas, Don Bernardo informo a las autoridades del gobierno central en la Ciudad de México para notificarles de su reciente nombramiento como gobernador. También ofreció un detallado recuento de la captura, el juicio y la ejecución de Iturbide de acuerdo a las instrucciones del decreto concerniente al ex emperador. Como respuesta, el secretario de estado contesto con placer sobre la selección de Don Bernardo por su alta investidura como gobernador del estado de Tamaulipas y también enalteció a los responsables de la administración de justicia del tirano, Iturbide.

Durante los primeros cinco meses de su nombramiento, Don Bernardo hizo un viaje a la frontera para atender algunos negocios militares. A su regreso, se detuvo en Refugio, (Matamoros). Oyó el rumor que una flotilla española se encaminaba para atacar la costa Mexicana. Estas noticias, que causaron una agitación por todo México, ameritaban una pronta acción. Inmediatamente Don Bernardo se hizo cargo de los preparativos militares y proporciono armas y municiones a la milicia civil.

De suerte, la dicha invasión fue nada mas un rumor. No obstante, antes de salir, el alcalde de Refugio pidió su opinión sobre un caso criminal que se estaba ventilando. Confiado en su experiencia en le militar, recordó al alcalde la importancia de demonstrar igualdad para todos los ciudadanos apegándose a la ley. El prisionero de esta manera fue juzgado, encontrado culpable y sentenciado a muerte por el crimen cometido.

Culpando a Don Bernardo como responsable de la acción, los familiares del criminal se convirtieron en sus acérrimos enemigos. De regreso a Padilla, Don Bernardo reforzó los grupos de milicia y desarrollo planes para una eventual defensa efectiva y un sistema para responder en caso de amenazas o ataques de España.

Haciendo todo lo posible, Don Bernardo trato de restaurar su hacienda en Revilla a su pasada gloria. Esto requería dinero, pero de momento, Don Bernardo no lo tenía. En conformidad, dirigió una petición a las autoridades en la Ciudad de México, pidiéndoles una compensación por sus pasados servicios. Por todo el periodo revolucionario, había dedicado sin titubeos sus energías de liberar a México del dominio de España, y por todo este tiempo privó a él y a su familia de llevar una vida normal. Durante esos dias aciagos, la ayuda monetaria del gobierno era errática y escasa. Ahora, lo había perdido todo y necesitaba ayuda. Con cierta reserva, mandó su petición de tres mil pesos.

La asamblea legislativa del gobierno del estado secundó la petición de Don Bernardo en un escrito aclarando su elogio de tener, *"patriotismo unido sin interes, valor con prudencia, circunspección con intrepidez, y las cualidades de un excelente guerrero y buen ciudadano."* Desgraciadamente, el gobierno central rehusó su petición.

No obstante, en reconocimiento por el servicio de este viejo guerrero, el gobierno nacional le confirió el grado de Coronel de la caballería y Coronel de la milicia activa de Tamaulipas. También se le nombró Comandante General de Tamaulipas asumiendo las responsabilidades en Soto la Marina, el 25 de marzo de 1825.

La selección de Don Bernardo como primer gobernador de Tamaulipas fue histórica. Por una parte trajo un período de estabilidad durante este tiempo tan inseguro. Ofreció una relativa paz y un sentido de normalidad a la ciudadanía, constantemente viendo hacia el futuro. Las condiciones post revolucionarias hicieron que la defensa fuera de vital importancia para un gobernador. Esto lo llevó a cabo en una forma tan eficiente que el gobierno central lo nombró Comandante General del sector interior en los estados de oriente (Tejas, Tamaulipas, Coahuila, y Nuevo León). Su período de gobierno dió a Tamaulipas el primer gobernador popularmente elegido, el primer congreso elegido debidamente, y la adopción de la primera constitución de México. (Mayo 7 de 1825.)

JOSE ANTONIO LOPEZ

# XV

# ¡Un Soldado es Siempre Soldado!

EN MARZO 25, 1825, Don Bernardo asumió sus responsabilidades como Comandante General de Tamaulipas. El cuartel general estaba en Soto la Marina, pero para el mes de junio 17 se trasladó a San Carlos donde estuvo por más de un año. En efector, estaba muy contento de tener a su familia durante estos dias.

Siendo el oficial más alto del estado, su prioridad era proteger los asentamientos en la frontera de los frecuentes ataques de los indios feroces. A pesar de estas dificultades, el General Gutiérrez de Lara estaba capacitado para ejecutar sus obligaciones, aunque molesto por los escases de caballos y armas.

En los asuntos indígenas fue firme sin necesidad de ser severo. En efecto, hacia todo lo posible para alcanzar una armonía amigable con los indios. Don Bernardo trató con un jefe indio, llamado Manco, y esto demuestra un buen ejemplo de su manera de gobernar. Manco era un Lipán insubordinado cuya tribu estuvo robando y amenazando a los pobladores. El Teniente Nicasio Sánchez, comandante Tamaulipeco en la frontera con Laredo, intento razonar con Manco, aclarándole que aunque el gobierno Mexicano deseaba la amistad de los Lipanes, no se les iba a tolerar si repetían los ataques a sus hombres.

El arrogante Manco replicó en términos inmutativos. Respondiendo al colérico Manco, el Teniente Sánchez inmediatamente lo encarceló de acuerdo a las instrucciones giradas por Don Bernardo. Mas tarde, cuando Manco se encontró más dócil se le dio la libertad.

Muy ocupado atendiendo asuntos de su jurisdicción, Don Bernardo pudo estar al servicio de Texas. En cierta ocasión, sus hombres ayudaron a desviar un ataque de los comanches en Bexar. Un mes después, a pesar de la escasez de caballos, envió doscientas bestias a la guarnición de Bexar.

Aunque Don Bernardo ejecutó sus obligaciones con una eficiencia intachable, que causando admiración por doquier, algunos estuvieron inconformes por el exceso de poder que tenia. Pensaron que ninguna persona podía tener dos importantes posiciones, comenzaron a fraguar un plan para destituirlo.

Don Bernardo no contesto a esta oposición. Había hecho lo mejor posible hasta donde su salud lo permitía para servir a su país. Pensó que ya era tiempo de cambiar de rumbo. De esta manera, renuncio a su posición como Gobernador, cediendo las obligaciones al Vice Gobernador, Don Enrique C. Suárez 31 4 de junio de 1825, en Aguayo (ahora Ciudad Victoria), entidad que se había convertido en la capital de Tamaulipas durante el término de su ministerio. Por coincidencia, viajando desde Natchitoches, su amada esposa y la familia de Don Bernardo llegaron a Tamaulipas durante sus últimos dias como gobernador.

Tomando la responsabilidad para criar a su familia en todos los años de guerra, Doña Maria Josefa Uribe estaba acostumbrada a muchos inconvenientes por estar separada de su marido. Ella estaba completamente consciente que mientras su marido estaba cumpliendo sus obligacio9nses, ella hacía lo mismo. Se sentía orgullosa de su valiosa contribución en dicha guerra, haber vivido enfrentando los peligros durante los años de turbulencia. Ella sobrevivió, al igual que su marido. Ansiaba por vivir los últimos años en santa paz. Su llegada convenció a Don Bernardo que había hecho la decisión correcta de retirarse de algunas obligaciones de gobierno para dedicar más tiempo a su familia.

JOSE ANTONIO LOPEZ

# XVI

# ¡Oficial Ejecutivo de Cuatro Estados!

EN DICIEMBRE 24 de 1825 un año después, Don Bernardo recibió un alto puesto. El gobierno Mexicano le impuso serias responsabilidades en sus hombros al nombrarlo Comandante General de los Estados Interiores del Oriente. Había sido responsable solamente de proteger Tamaulipas. Ahora tenía tres estados más bajo su control: Texas, Coahuila y Nuevo León. El viejo soldado fue honrado, y sus superiores le encomendaron con otra tarea colosal, probándoles que había sido la mejor opción para este puesto. Otra vez, su nombramiento a todos estos importantes cargos afirmo el hecho que Don Bernardo tenia bien establecida su reputación como visionario y líder efectivo.

Este enorme trabajo de administrar estos cuatro estados era increíble. Don Bernardo era responsable de patrullar las largas costas de Texas y Tamaulipas en ese tiempo cuando toda clase de pillos, rateros, y contrabandistas siempre estuvieron aumentando el peligro para los ciudadanos y tropas. La mayor preocupación era la constante invasión de inmigrantes Anglos de los Estados Unidos que ilegalmente se desplazaban dentro del territorio Mexicano, especialmente Texas.

Don Bernardo tenía a su cargo observar y controlar por la fuerza si era necesario, las actividades de un gran número de indios hostiles. Muchas veces, invitaba a los líderes de las tribus para escuchar sus problemas. Para una seguridad a largo plazo, él honestamente intentó hacer la paz con ellos. Fue una tarea formidable, pero a la vez el trabajo era extenuante.

Considerando el área tan grande para controlar, Don Bernardo asumió nuevas fuerzas y responsabilidades. En su postura de Comandante General de los Estados Interiores del Oriente, se le encomendó cierta autoridad política y financiera. Don Bernardo ejecutó nuevas responsabilidades a su estilo, probado como el líder que era. Frecuentemente se iba al campo a caballo para observar y animar a sus hombres.

En realidad, fue el oficial ejecutivo de cuatro estados. No solo recibía órdenes del presidente, también del Ministro de la Tesorería y el Ministro de Guerra. Estaba obligado a responder a estas tres entidades del gobierno. Su interés mayor era proteger los asentamientos del interior, una responsabilidad que tomó muy en serio. El 10 de enero seleccionó a un competente soldado, Antonio Elosúa ahora comandante de la Línea Fronteriza.

Grandes grupos de soldados sobre esta línea estaban apostados para contener los ataques de los indios. Con el fin de llevar a cabo su asignatura, Don Bernardo dio a Elosúa el comando de la Compañía Volante de Nuevo León (unidad de tropas especialmente entrenadas para moverse rápidamente a cualquier punto donde se necesitaban para el combate si era necesario) y otras tropas en Laredo.

# XVII

# ¡Problemas Continuos
# con los Comanches!

L A SITUACIÓN DE los indios fue particularmente azarosa en Texas durante el mes de febrero. Los comanches, una amenaza constante en Texas, se reunieron a la cabeza del Rio Colorado. En Texas, el Comandante Ahumada, temiendo un ataque en contra de los parajes en la frontera de Coahuila, Nuevo León y Tamaulipas, escribió a Don Bernardo pidiendo la autoridad para tomar la ofensiva con cien hombres.

Desafortunadamente para el Comandante Ahumada, a Don Bernardo le fue obligado contestar que sus tropas necesitaban caballería y equipo necesario; no podía arriesgar un encuentro con los comanches. El temor de Ahumada de un ataque no se realizó. Como si los problemas de los indios no eran suficientes, una siniestra dificultad se vino encima para acosar al valiente Don Bernardo. Esta vez era la fricción continua entre el alcalde de Nacogdoches y el número creciente de inmigrantes Anglo-Americanos pobladores buscando tierra. Temiendo que esta discordia estallaría en violencia, Don Bernardo al principio fraguo la idea de edificar una guarnición de cincuenta hombres en este punto, pero tomando en cuenta la opinión de Ahumada decidió en contra de esta acción.

Mientras tanto, la amenaza de serios levantamientos indígenas eran invariablemente más serios. En marzo un comunicado de Bexar indico que los indios habían atacado la capital y algunas áreas del Rio Grande, matando algunos de los pobladores. Desde Laredo llegó un alarmante aviso que los indios hostiles habían llegado a Nuevo León. Don Bernardo ordenó mas grupos de observación, consistiendo de un caporal al mando de dos o tres hombres para que fueran instalados sobre la frontera. Después instruyó al Comandante Elosúa que cambiara la mayoría de sus tropas a los poblados que estuvieran en un peligro inmediato. También escribió al Comandante Ahumada en Texas dando la orden de alerta para prevenir nuevamente los ataques de los indios.

El mes de mayo hubo la noticia que las tribus hostiles estaban a las afueras de Revilla. Para contrarrestar esta posible amenaza en contra de su querido lugar de nacimiento, Don Bernardo inmediatamente mandó al Teniente Nicasio Sánchez con cincuenta hombres. Hubo otros reportes de cuidado. En Coahuila, los Lipanes estaban activados; en Texas los towakoni estaban causando problemas igualmente. En efecto, la correspondencia de Don Bernardo durante este tiempo estuvo llena de incidentes con los problemas de los indios por todo los Estados Interiores de Oriente.

No obstante hubo un punto luminoso en el panorama triste en este período que se le presentó a Don Bernardo. Se trató de un asunto comunicado en una carta de Ahumada en Texas diciendo que los planes de acción de Don Bernardo eran efectivos. Había hecho la paz con los cherokees. En junio posiblemente como resultado de la tensión que aumentaba en la frontera, el Secretario de Guerra Pedraza ordenó que las unidades, proporcionadas por el Acta de 21 de marzo de 1826, debieran estar acondicionadas para un alto nivel de combate. Don Bernardo giró órdenes para que todas las vacantes en estas unidades fueran repuestas con hombres bien entrenados.

El ministro de guerra también dio orden para que los indios Lipanes les fuera permitido asociarse con otras tribus amigables de la Nación Mexicana. El problema de los indios siguió ocupando la atención de Don Bernardo hasta el 6 de septiembre de 1825, cuando el General Anastasio Bustamante lo reemplazó como comandante general.

A pesar de las altas responsabilidades de su oficio y las muchas calamidades como la insuficiencia de tropas y equipo, Don Bernardo actuó bastante bien. Ningún levantamiento serio ocurrió en los Estados Interiores de Oriente durante su término, ni tampoco hubo evidencia de haber actuado de manera indeseable en el trato con sus subordinados. Aunque relegado de su mando de los Estados Interiores de Oriente, Don Bernardo retuvo por poco tiempo su posición de Comandante General en Tamaulipas. Debido a su salud precaria pidió ser relevado de su puesto para poder consultar con sus médicos en Monterrey.

# XVIII

# ¡Breve Apología – Don Bernardo Defiende su Honor!

A UNQUE DON BERNARDO se fue a Monterrey buscando descanso, lo pudo conseguir. Poco después de haber iniciado su tratamiento médico en marzo 15 de 1827 se dio cuenta que el Dr. José Eustaquio Fernández, un diputado del gobierno, lo estuvo atacando por medio de la prensa. El Dr. Fernández impugnaba tres acusaciones en contra de Don Bernardo: primero, se condujo de una manera arrogante, ostentosa, como si fuera un monarca déspota; segundo, había sido el responsable por la ejecución de alguien en cuyo caso el presidente municipal de Refugio pidió a Don Bernardo su consejo cuando Don Bernardo visitó ese lugar antes de ser nombrado gobernador; y tercero, sobrepasó su autoridad al despedir a un administrador del Departamento Aduanal Marítimo.

Al principio, Don Bernardo ignoró el libelo injurioso. No obstante, su acusador optó por leer sus cargos frente al congreso general. Defendiéndose él mismo, en contra de sus acusaciones, en mayo de 1827, Don Bernardo publicó su Breve Apología en la cual dio un sumario de sus servicios que prestó al país desde el día que salió de Revilla en 1811, hasta su renuncia de su posición como Comandante General. En este documento también contestó a todos sus cargos.

Contestando al primer cargo, dijo que lejos de actuar ostentosamente, nunca viajó en capacidad oficial excepto montado a caballo. Mientras estuvo de viaje, solo llevó un pequeño grupo de hombres para acompañarlo.

En su segundo cargo, el individuo fue procesado en corte encontrándolo culpable por ley. El repitió su ecuanimidad de justicia ciega de acuerdo a la evidencia presentada en corte.

Al tercer cargo, describió el proceso oficial que se le llevó a cabo para despedir al oficial aduanal. Una vez más, describió la evidencia cuando despidieron al servidor civil.

Sus enemigos no estuvieron satisfechos. En marzo de 1828, por órdenes del Presidente Guadalupe Victoria, el enfermo y triste Don Bernardo hizo un viaje agotador a Ciudad Victoria para presentar su declaración sobre su alegado comportamiento.

Al llegar, inmediatamente hizo la petición para una comisión permanente. Su petición fue concedida declarando su inocencia otra vez mas, haciendo un recuento de sus pasados hechos como una prueba de su lealtad y amor a su patria. La comisión reconvino concediéndole regresar a Monterrey.

Aunque la decisión fue deferida hasta que el congreso se reuniera en su sesión regular, Don Bernardo no fue llamado más. Pudo ser que los objetivos de sus enemigos se habían cumplido. Ellos desearon solamente humillarlo. Después de este bochornoso episodio en Ciudad Victoria, Don Bernardo regresó a Monterrey. Su estancia alli fue breve. En junio de 1828 regresó a Revilla para pasar sus últimos años en compañía de su familia y amigos.

# XIX

# Una vez más, el Viejo Militar Responde al Llamado del Deber

AL SIGUIENTE AÑO, un rumor se extendió por todo el país anunciando que los españoles estaban enviando una fuerza armada para atacar Tampico. Otra vez México se cubrió de temor. Siempre patriota, Don Bernardo hizo el intento para pelear por su país una vez más. En carta dirigida al General Bustamante, le pidió ser voluntario. Pero sabiendo que el viejo militar estaba enfermo le ordenó quedarse en su casa de Revilla.

Los años subsiguientes pasaron lentamente para Don Bernardo. Entrado en años y enfermo, se le prohibió la participación activa en la continua turbulenta historia de México.

En 1836, se dio cuenta con tristeza que la revolución una vez mas hizo furor en Texas. Sus Tejanos endurecidos por la lucha en las batallas estaban ahora de parte de los Anglos con el fin de obtener la independencia de la nación Mexicana. Los eventos dramáticos del Alamo esta vez, pudieron haber descorazonado al héroe que firmó la primera constitución del primer estado independiente de Texas en 1813. Para entonces, supo de la nueva ola de inmigrantes del país de Estados Unidos. Obstinados exigieron más y más tierra. Por añadidura, los reportes diarios indicaron que el número de inmigrantes crecía, que fluyendo ilegalmente hacia Texas abrumaron a las agencias encargadas de ejecutar la ley.

Mientras los primeros inmigrantes de los Estados Unidos vinieron a México para hacerse ciudadanos mexicanos, este nuevo grupo de inmigrantes tenían su propio diseño para el futuro de su querido Texas. El camino a la independencia que habían iniciado con tanto sufrimiento años atrás, había tomado otra dirección, llevando a Texas a un rumbo que jamás lo imaginó. Desafortunadamente, sus peores temores se convirtieron en realidad (ver apéndice 3).

Tristemente, durante su importante viaje a Washington, D.C., Don Bernardo presencio los eventos como un tipo de traición amigable por la misma gente que respaldó la independencia texana y Mexicana de España. Pudo haber pensado si en efecto había sido testigo del plan maestro de expansión de los Estados Unidos aquel día helado de Diciembre de 1811.

El 30 de octubre de 1839, aún otra fuerza armada amenazó a la región. En ese tiempo hubo frecuentes enfrentamientos entre los pueblos de Tamaulipas y otras partes de Mexico. Unos a favor del gobierno central y otros en contra. Uno de estos casos fue la causa de la breve Republica del Rio Grande. Según las crónicas, el héroe de sesenta y cinco años, Don Bernardo, montó su caballo una vez más y cabalgó para encontrar a los atacantes. El y sus hombres desplegaron una defensa galante en la inferida lucha sangrienta, pero fueron forzados a rendirse.

El líder insurgente tomó la guarnición, se embarcó en un juego de ofensa, saqueo y robo. Atacó la casa de Don Bernardo. Además de la infamia, se dijo que el jefe de los rebeldes brutalmente arrancó las charreteras de los hombros del héroe ya entrado en años. El zafarrancho no llegó a la violencia debido a la acertada intervención de sus colaboradores. Don Bernardo fue puesto en libertad en el pueblito de Mier, antes de su regreso a Guerrero (el pueblo de Revilla, que ya había sido renombrado). No obstante, herido de cuerpo y espíritu, se sintió orgulloso nuevamente de poder realizar para lo que había nacido – cumplir con su deber.

JOSE ANTONIO LOPEZ

# XX

# ¡El Caballero Andante al Final de su Jornada!

E N EL MES de enero de 1840, Don Bernardo sintiendo que su tiempo estaba cerca, hizo su testamento. Poco después, su hijo José Angel llevó a su padre a Linares donde permaneció hasta majo de 1841. En ese tiempo, Don Bernardo optó por irse a Villa Santiago para estar con su hija Maria Eugenia. Don Bernardo y Doña Maria Josefa tuvieron cuatro hijos más, José Sinforiano, José Januario, José Ladislao y José Alejo. Complaciendo los deseos de su padre, José Angel y José Ladislao, devotos de su padre vinieron con él a Linares. Construyeron una litera en la cual pudieron conducirlo, ya que le era imposible montar a caballo o ir en una diligencia. Esa escena debió ser plasmada en una conmovedora pintura de hijos queridos atendiendo a su padre enfermo, el héroe.

José Angel y sus hijos pudieron encontrar seguramente un alivio moral sabiendo que su padre postrado frente a ellos era aquel hombre valiente, más grande que la vida misma que en su juventud persiguió a indios salvajes instintivamente. Fue el "Campeón de la Gente" que con gran éxito llevó a sus tropas en varias batallas. Escribió elocuentemente los primeros documentos de la libertad de Texas, la constitución y la declaración de Independencia. Había sido una pieza importante en el escrito de los primeros capítulos de la historia de la independencia de Texas. Fue el primer presidente (gobernador) de Texas y primer gobernador del estado de Tamaulipas, haciéndolo gobernador de dos estados distintos. Este era el mismo hombre que tenía el don de la comunicación y la diplomacia. Fue la persona del cual el Padre Hidalgo confió en mandarlo a Washington, D.C., "el viaje del cual se enteró todo el mundo). Abrió el primer dialogo entre el México independiente, y el presidente James Madison y el futuro presidente James Monroe. (Ver apéndice 4 para una lista completa de todas sus hazañas notables).

Nunca pretendió ser o actuar como un Napoleón, pero había alcanzado ese nivel de genio militar y guía. No era ni pretendió ser un Cesar Romano, pero había alcanzado el nivel de magnanimidad. Irradió un honor, que pocos poseen en la historia. Don Bernardo, quien lo dio todo, lo perdió todo a nombre de la libertad. En sus últimos años nunca permitió que la amargura lo consumiera por una pérdida material.

En el último análisis, pidió muy poco en recompensa por su constante patriotismo que lo consideró como un deber moral. Este era la marca indeleble de un verdadero caballero. Evolucionado de una casta rara que se conducen por medio del valor, era simplemente un hombre que nació en Revilla, *la villa del norte, un pueblito a orillas del Rio Grande.*

Tan pronto como llegaron a Santiago, Don Bernardo fue agravándose más. Postrado en cama, llamó a un sacerdote para que le administrara los últimos ritos a un héroe moribundo. Lúcido hasta su último suspiro, Don Bernardo dictó una carta a José Angel dirigida a Doña Maria Josefa, su querida esposa que aún se encontraba en Guerrero (Revilla).

Don (Coronel) José Bernardo Maximiliano Gutiérrez de Lara Uribe murió a las 2:00 P.M. el 13 de mayo de 1841. Fue sepultado en la iglesia de Santiago frente al altar de San José, su santo patrón.

JOSE ANTONIO LOPEZ

# EPILOGO

LA EPOPEYA DE Don Bernardo tiene todas las cualidades de una épica histórica: amor a la familia, fe, honor, galantería, patriotismo, valor, sacrificio, sufrimiento, intriga y drama. Ayudó encender la mecha del auto determinación de Texas. Don Bernardo y su familia sufrieron grandes penalidades por muchos años en su empeño por dar curso a la libertad de Texas. Sin embargo, fue una gran tragedia que nuestro héroe no a sido reconocido por varias generaciones escolares. Muchos otros heroes que hicieron menos por la independencia de Texas ensombrecieron la figura de Don Bernardo en los textos de historia.

Sin embargo, varios historiadores de renombre han escrito sobre los heroes Tejanos, como la de Don Bernardo, cuyas historias tienden a ser nada mas notas de pie en los textos de la historia de Texas. Fue un hombre de carácter que tenía el don de ser líder, cuya variedad de posiciones que él desempeñó no tuvieron paralelo.

Se dice que un verdadero líder es un ejemplo a seguir. Este genuino héroe de Texas no solamente mostró esta característica en su carrera militar, al contrario la manifestó en todos los actos de su vida. Esta es la cualidad que el lector no debe olvidar en lo mas mínimo. Por ejemplo, Don Bernardo le fue pedido por otros para ser un líder en las tres fases criticas de su vida.

La primera, se le dio inmediatamente el grado de teniente coronel al iniciarse la revolución Mexicana. Don Bernardo dirigió al ejército Texano en una serie de batallas victoriosas incluyendo la capital provincial de Bexar y el Alamo. Se convirtió en el primer gobernador del independiente estado de Texas. Dió a conocer la primera Declaración de Independencia y su primera constitución.

Segundo, mientras estuvo en el exilio, su don de líder y sabiduría no pasaron desapercibidos. Mucha gente buscó su consejo y dictamen en sus problemas cotidianos. Asumió la responsabilidad de proteger asegurando las vidas de los pobladores de Estados Unidos y México. Don Bernardo y sus Tejanos acostumbrados al fragor de la batalla ayudaron a los Estados Unidos a derrotar a los ingleses en la Batalla de Nueva Orleans. En señal de aprecio, el General Andrew Jackson permitió a la bandera verde México-Texana desplegarse orgullosamente junto a la bandera de las barras y las estrellas de E.U.

Tercero, a su regreso al México libre y (Texas) después de una ausencia de más de diez años, se le dio la bienvenida de un héroe conquistador. Debido al respeto y la admiración que él disfrutó de sus ciudadanos, les retribuyó convirtiéndose en el primer gobernador de Tamaulipas. Además, fue el administrador de la operación de cuatro estados al mismo tiempo. ¡DON BERNARDO SI ERA UN GRAN HOMBRE!

Solamente nos queda hacer esta interrogación: seria hoy Texas todavía un estado independiente, si Don Bernardo hubiera logrado recoger los frutos de su primer estado independiente de Texas en 1813? Lejos de ser una "nota de pie", fue un apasionado patriota Texano y diplomático que dedicó su vida al deber. Su magnífica trayectoria militar debe ser reconocida.

Para concluir, la devoción al deber a la Patria y valentía de Don Bernardo no se ha repetido en la historia de Texas. Si la grandeza de un héroe se mide por la cantidad de hechos heroicos, los credenciales de Don Bernardo le han conferido el insólito honor de llamarlo un ¡Gran Heroe! ¡En el último análisis, fue en efecto el Ultimo Caballero!

José Antonio López
Universal City, Texas

JOSE ANTONIO LOPEZ

# La Primera Constitución de Texas
# Primer estado Independiente de Texas
# de la Republica Mexicana, Abril 17, 1813

1. La Provincia de Texas será conocida en el futuro como el Estado de Texas, formando parte de la Republica Mexicana, a la cual permanece inviolablemente unido.

2. Nuestra santa religión permanecerá inalterable en la forma establecida ahora mismo, las leyes serán debidamente ejecutadas a menos de que sean expresa públicamente anuladas o alteradas en la manera aquí prescrita.

3. La propiedad privada y posesiones serán inviolable y jamás adquiridas para el use publico excepto en casos urgentes de necesidad, en cuyo caso el propietario será debidamente recompensado.

4. Desde hoy, y para siempre, aquí mismo la libertad personal se considerará sagrada. Nadie será arrestado por ningún crimen sin acusación formal hecha en forma adecuada bajo juramento inicialmente presentado. Nadie se presentara ante el Tribunal sin antes haber sido examinado por los testigos. Ni tampoco a nadie se le privará de la vida sin antes habérsele oído completamente (en corte), excepción de esta regla durante el tiempo de la presente guerra en el caso de criminales de la Republica, cuyos castigos serán decididos por la junta de acuerdo con el Gobernador para poder asegurar la firmeza de un establecimiento, y para proteger a los ciudadanos.

5. El gobernador elegido por la Junta será Comandante en Jefe de la fuerza militar del estado, no llevará a cabo ninguna compañía personalmente sin antes de haber recibido la orden de la junta. En tal caso, el Gobernador proveerá los medios necesarios para el mantenimiento de las obligaciones del Gobernador durante su ausencia. También bajo su cargo está el establecimiento de las leyes

pertenecientes a la organización del Ejército, el nombramiento de oficiales militares y la ratificación de las comisiones y rangos de aquellos que ya hayan sido empleados. Se les encomendará la defensa del país, las relaciones exteriores, la ejecución de las leyes y el mantenimiento del orden. Tendrá derecho a un secretario, dos ayudantes de campo y tres empleados para el idioma español y otro para el idioma inglés.

6. Los salarios del Gobernador y los otros oficiales civiles y militares, serán fijados tan pronto como sea posible y estarán asegurados por la ley.

7. Habrá un tesorero cuya función será recibir y preparar intactos los fondos públicos, manteniéndolos a la disposición del Gobernador.

8. La ciudad de San Fernando será el asiento del gobierno y la residencia de todos los funcionarios públicos. Será gobernada por dos alcaldes y cuatro comisionados de distrito elegidos por la junta.

9. Al cabildo se le encomendaran las leyes del interior de la ciudad y tendrá toda la autoridad necesaria para llevar a cabo su propósito. Los alcaldes tendrán el poder para juzgar los casos de su jurisdicción y nombraran los oficiales necesarios e indicaran los dias de audiencia. Sus juicios estarán gobernados por la ley establecida en los casos individuales.

10. Cada pueblo en el Estado será gobernado por un oficial militar nombrado por el Gobernador, a éste oficial se le requerirá seguir cualquiera de las reglas necesarias dictaminadas por la junta.

11. Será la obligación del cabildo y de los comandantes militares (de los pueblos) presentar al Gobernador un censo exacto de la población de sus respectivos distritos y establecer escuelas en cada ciudad o pueblo.

12. La Junta tendrá la autoridad de despedir a cualquier oficial que haya nominado si juzgara necesario dicho procedimiento.

JOSE ANTONIO LOPEZ

13. Habrá una Audiencia Superior, que será integrada por un juez totalmente versado en la ley y nombrado éste por la junta. Tendrá las obligaciones de tomar las medidas necesarias para mantener la paz y el orden, de procesar todos los casos criminales, decidir casos en los cuales la sentencia o la cantidad en la controversia exceda a mil pesos. Este tribunal nombrará sus oficiales, indicando el tiempo y el lugar de la sesión y sus emolumentos serán determinados por las leyes promulgadas para ese propósito. Será el deber del tribunal al procesar a personas acusadas de homicidio nombrar cinco de sus mas discretos e inteligentes ciudadanos del distrito quienes darán juramento a cumplir con su deber haciendo justicia al Estado y al del demandado, y ayudar al juez para rendir un veredicto justo. También, será el deber del tribunal establecer un código de ley criminal y métodos de procedimientos, con el propósito de que todos los crimenes obtengan sus respectivos castigos y sean claras y prontamente definidos. Una vez aprobada por la Junta, será ésta la ley Constitucional y será publicada para beneficio del pueblo. Nadie será castigado por haber cometido un crimen u ofensa provista por la ley.

14. Cualquier cambio o alteración a las leyes vigentes en el presente serán efectuadas por la Junta y se le hará saber a los ciudadanos.

15. La junta se reunirá para llevar a cabo sus sesiones en la capital un día de cada semana, o más a menudo si hubiera un caso de urgencia. Conservará todos los derechos concedidos por el pueblo, tendrá como obligación custodiar y cuidar diligentemente el bienestar del Estado, de alterar o enmendar estas reglas como sea necesario para presidir en casos que conciernen a la guerra y los varios departamentos de relaciones exteriores y finalmente hacer todo lo que esté en su poder en beneficio de la gran causa de la Independencia Mexicana.

16. La junta tomará en cuanta cualquier propiedad enemiga que se encuentre dentro de la jurisdicción y resolverá lo que juzgue apropiado en este caso.

17. El Comandante en Jefe, Gobernador electo de este Estado, empleará de todos los medios posibles y hará todo aquello que esté en su poder para facilitar el cumplimiento de todas las obligaciones contraídas por él mismo en nombre de la República Mexicana.

18. La Junta, con el Gobernador del estado, por común acuerdo procederá a la elección del número necesario de delgados al Congreso General Mexicano y a los países extranjeros.

Ciudad de San Fernando, 17 de abril 1813.

(Firmada) por José Bernardo Gutiérrez de Lara

Este documento es una traducción de la copia del manuscrito enviada por José Bernardo Gutiérrez de Lara a William Shaler quien él adjuntó a su reporte del 14 de mayo de 1813 al Secretario de Estado Monroe. El manuscrito está en los archivos del Departamento de Estado en Washington, D.C.

# Carta de Agravio Dirigida a Stephen H. Darden, el Contralor del Estado (De Parte de los Heroes Tejano-Hispanos) (Fecha, 12 de enero 1875)

(Nota: Se incluye este documento en este libro para demonstrar la gran traición de los anglos americanos contra los tejanos después de la independencia de Texas en 1836. (El instrumento es nada mas una prueba de muchos otros.) En efecto, el Contralor de la Republica de Texas injustamente requería que los heroes tejanos probaran su servicio militar antes de que se les consideraran sus pensiones. Esta indignidad no se le exigía a los veteranos anglo americano. Tener que obedecer estos medios fue muy triste para los valientes tejanos. Muchos de ellos habían logrado la primera independencia de Texas en 1813 bajo el mando del Coronel Gutiérrez de Lara. Esencialmente, los tejanos habían luchado bajo el mando de Sam Houston. Sin duda, la ayuda tejana fue crítica en la victoria de Houston en 1836. No obstante, después de la independencia se les trató como enemigos. El papel contiene varias firmas de apellidos muy conocidos en San Antonio y otras partes del estado. Sus descendientes todavía viven en esta área. Nótese que uno de los firmantes de la petición es el héroe Juan N. Seguin.)

"SEÑOR: NOSOTROS LOS ciudadanos suscritos al pie de este escrito con todo respeto dirigimos a Ud. Esta comunicación para borrar de su mente lo que nos parece una impresión injusta concerniente a la aplicación de ciertos mexicanos por pensiones quienes participaron en la Revolución que separó Texas de México. Sostenemos que los nombres aquí mencionados tuvieron a su mando compañías militares en la toma de San Antonio en 1835. El 20 de octubre de 1835, Juan N. Seguin seguido por treinta y siete hombres de Mexicanos por nacimiento, se unieron en el Arroyo Salado según previo acuerdo, las primeras fuerzas Texanas se reunieron para oponerse al Gobierno Central proclamado por Santa Anna en violación al gobierno Federal existente. Plácido Benavides de Goliad (La Bahía) se unió en el mismo arroyo con las tropas revolucionarias con 26 o 28 hombres, para que en la Batalla de Concepción, acordaran entre los líderes Tejanos poner en sitio a la ciudad de San Antonio y remover el campo en la parte norte de la ciudad. Pero antes del removimiento,

Salvador Flores fue referido a los ranchos Mexicanos en el Rio San Antonio y Manuel Leal para otros ranchos Mexicanos con el objeto de levantar fuerzas que tanto se necesitaban; estos dos patriotas regresaron poco después, Flores con 15 nuevos hombres y Manuel Leal con 26.

"Un conflicto de autoridad se llevó a cabo en ese momento entre Juan N. Seguin y Plácido Benavides, donde los dos afirmaban ser capitanes; el problema se solucionó en forma amigable a favor de Seguin por la razón que había reclutado mas hombres que Benavides, con el entendimiento que aunque Seguin sería el oficial superior, Benavides preservaría el comando director e inmediato sobre los hombres que trajo de Goliad, lo mismo pasó con Manuel Leal y Salvador Flores; tan pronto como las tropas llegaron a nuevo campo y en el molino viejo se les unieron 14 privados de la Vieja Compañía del Alamo en gran parte hijos de San Antonio que habían desertado las fuerzas mexicanas del General Cos y se unieron al mando de Seguin, con armas y municiones. No había en ese tiempo un sistema para pasar lista o un registro regular para reclutar soldados; cada voluntario que ofrecía sus servicios era aceptado en seguida, y los hombres se unieron al bando que les convenía, actuaban con libertad no tuvo nada en común con la disciplina de un ejército regular; generalmente el soldado razo obedecía las órdenes del oficial que los había traído al campo. Durante la estancia de las tropas antes de San Antonio, varios bandos de mexicanos se unieron a los patriotas; particularmente Miguel Aldrete que en compañía del Mayor Collensworth vino de Goliad con mas o menos 20 hombres; el Coronel J.C. Neil y Philip Dimmit que llegaron con la Compañía Mexicana originarios de Victoria y en el país bajo, sin contar con el reclutamiento aislado que se verificaba todos los dias. En efector, la compañía de Seguin nada más de él, llegaba a más de ciento sesenta hombres el día de la tormenta de Bexar.

Después de haber tomado el lugar, la compañía se envió para proteger a la gente de los ranchos, ante la devastación hecha por las tropas mexicanas en retirado. Al regreso se encontraron que los voluntarios mexicanos de Benavides y de Dimmit partieron para sus hogares, como lo hicieron también los patriotas americanos. No había 14 americanos en San Antonio después de que tomaron la plaza de San Antonio. El Col. J.C. Neil había recibido, primero el mando militar, pero un poco después depurado por B. Travis, quien tenía bajo su anterior compañía incluyendo también la de Seguin. Continuaron en servicio activo varios meses, y confiando en el falso reporte que todo estaba en paz en la frontera mexicana, una gran cantidad de mexicanos fueron autorizados a retirarse para que protegieran a sus familias en contra de la depredación de los indios. A la llegada de Santa Anna, la compañía de Seguin fue reducida, al llegar el enemigo que no esperaban; la mayor parte de los hombres recibieron la autoridad para rendir la seguridad de sus familias e unirse a los Texanos en el Alamo; debido a esta circunstancia nada mas 15 mexicanos entraron al Alamo con Travis.

En la junta del Ejército texano en González, Seguin tenía una compañía grande, por cierto, la mas grande del ejército, pero era una nueva compañía muy distinta a la que estuvo a su mando en la toma de San Antonio. Tenía arriba de cien hombres; de los cuales 25 fueron desplazados para proteger la populación inválida. De 15 a 20 estuvieron a loas órdenes del Sordo Smith; 30 o mas se enviaron al este para acompañar y proteger a las familias Americans, tres hombres estaban enfermos en San Felipe, mas o menos 10 estaban con su equipaje en Harrisburg, cuatro o cinco se quedaron para cuidar los caballos en el momento de la batalla de San Jacinto, en sumo le quedaron 20 hombres cuando se le ordenó dar los nombres de aquellos que actualmente habían peleado.

Respetuosamente, le recordamos que nosotros y nuestros camaradas, nos levantamos en armas en contra hasta de los nuestros y nuestro país, creyendo que estábamos en lo correcto, y hoy nos sentimos humillados para encontrar que habíamos testificado haciendo juramento de los servicios prestados por nosotros y nuestros viejos camaradas, muchos de los cuales están sufriendo, no solamente de las debilidades de la edad, pero también de extrema pobreza para que sus pedimentos pasen desapercibidos y forzarlos a esperar sus pensiones por semanas, y meses, cuando los americanos se les pago prontamente sobre lo que consideramos tener mejores evidencias que aquellas proporcionadas por nuestros amigos. Estamos seguros, Honorable Señor, que fue mal informado y dirigido sobre los grupos que han aplicado para sus pensiones y las de sus testigos, y le dirigimos a Ud. este comunicado para enmendar su mente de cualquier prejuicio que haya tenido, y para asegurarle que tenemos de Ud. Nuestros amables sentimientos y solo pedimos para nuestros viejos camaradas solamente justicia y nada más."

Firman: Juan Jiménez, Ygnacio Espinosa, Martin Maldonado, Ignacio Arocha, Tomás Martines, Narciso Leal, Juan Martines, Antonio Oliva, Estevan Urón, Manuel Montalvo, Cresencio Montes, Pablo Salinas, Quirino Garza, Nepomuceno Flores, Juan N. Seguin, Antonio Menchaca, José Antonio Rodriguez, Antonio Vásquez, Damaso de los Reyes.

# Un Resumen de la Carrera Brillante de Don Bernardo Gutiérrez de Lara

- Pocos texanos han tenido una carrera tan destacada y productiva.

- A pesar de sus once años en el destierro en Natchitoches, Luisiana, Don Bernardo alcanzó las siguientes posiciones y honores:

- Teniente Coronel en el Ejército Revolucionario, 1811

- General en Jefe de Ejército Texano

- Ministro revolucionario (enviado) al gobierno de E.U.

- Estuvo al mando de sus tropas en varias batallas: Nacogdoches, La Bahía, Rosillo (Salado), Bexar, Alazán

- Presidente (gobernador) del Estado Independiente de Texas, 1813

- Promulgó la primera declaración de independencia

- Promulgó la primera constitución de Texas

- Estuvo al frente de las tropas Tejanas en la Batalla de Nueva Orleans, 1815

- Vicepresidente de la Segunda República de Texas, 1820

- Primer gobernador de Tamaulipas, 1824

- Coronel de Caballería de Tamaulipas

- Coronel de la Milicia Activa de Tamaulipas

- Comandante general de Tamaulipas

- Comandante general de los Estados Interiores de Oriente: Texas, Coahuila, Tamaulipas, y Nuevo León

# ¿Quiénes son los Tejanos? Por José Antonio López

LOS TEJANOS SON mexicanos de origen español pioneros que se establecieron al norte de México (Texas) a mediados del siglo XVIII. Ellos trajeron su cultura y su idioma desde entonces. Por esta razón mayor, los Tejanos no deben de confundirse con otros grupos (Hispanos) que emigraron luego a los Estados Unidos. Tejanos, u otros mexicanos de origen español que se establecieron en el suroeste, jamás emigraron a los Estados Unidos, ya que éstos, como los nativo americanos, ya se encontraban aquí.

Los primeros Tejanos vinieron de varios puntos de distribución en México, como lo fue Saltillo, Monclova, Querétaro y Veracruz. Se establecieron en ambas márgenes del Rio Grande (Bravo) y por lo tanto muchos de los ranchos y pueblos se extendieron al sur del rio, más allá de la presente línea divisoria de la frontera de E.U. Texas-México.

Los lideres Tejanos de ese tiempo eran peninsulares (nacidos en España) o criollos (españoles nacidos en México, pero sus familias de rancho también incluían mestizos (españoles-indios), mulatos (español negro, indio negro) e indios (nativos americanos).

Tejanos primero rindieron homenaje al rey de España. Todos los Tejanos se convirtieron en ciudadanos leales cuando México ganó la independencia de España. Los Tejanos jugaron un papel importante y participaron activamente en la Guerra de Independencia de Texas. Cuando Texas fue admitido a la unión en 1845, los tejanos en Texas se convirtieron en ciudadanos de E.U. Las familias Tejanas en el lado mexicano permanecieron como ciudadanos mexicanos.

Nuestra familia viene de buena sepa, gentes adineradas, de buenos principios y gran disciplina. Estaban dispuestos a la aventura, hacia el terreno salvaje y desconocido llamado hoy el Sur de Texas, donde nuestros antepasados encontraron su modo de vivir y florecieron. Esas son las cualidades pioneras de los mexicanos de origen español que hacen de mí un Tejano orgulloso de nuestra herencia sin igual.

Los Tejanos modernos son esa gente cuyas raíces datan a las primeras familias Tejanas (1700-1800s).

Mientras un número considerable de sus descendientes y cultura permanecen en Texas, especialmente el sur de Texas, los Tejanos de hoy viven por todo el mundo.

# BIBLIOGRAPHY

1. Arellano, Dan, "Tejano Roots", U.S. Austin Printing, 2005

2. Pena, Jose M., "Four Winds of Revilla", Xlibris Corporation, 2006

3. Rie Jarrat, "Gutierrez de Lara, Mexican-Texan: The Story of a Creole Hero", http://www.tamu.edu/ccbn/dewitt/delara2.htm

4. Tijerina, Andres, "Tejano Empire", Texas A&M Univ. Press, 1998

5. Uribe, Joel C., "La Espada y el Caliz" (The Sword and the Chalice), Xlibris, 2009

## Recommended Reading

NOTE: IF YOU are interested in furthering your knowledge of Tejano heritage, I strongly urge you to add the following books to your library in addition to those mentioned above. Also, I included a few excellent Web pages that you should have in your favorites Web sites. Finally, spread the word. Interview your grandparents and other relatives about your family's past. Sit down with them and have them give you the details on those oral stories you have heard all your life. Ask them for the story behind old photos and heirlooms. Pay special attention to those historic events in which your ancestors were involved. We have many more Don Bernardos waiting for their stories to be told. Work on your genealogy. Don't wait for anyone else to do it for you. Do your part. You will not be disappointed.

Arreola, Dan, "Tejano South Texas", University of Texas Press, 2002

Martinez, Mercurio; Lott, Virgil, "The Kingdom of Zapata", The Naylor Company, 1953

Saenz, Andres, "Early Tejano Ranching", Texas A&M University Press, 1999

Thompson, Jerry, "Juan Cortina and the Texas-Mexico Frontier", 1994

Thompson, Jerry, "A Wild and Vivid Land, an Illustrated History of the South Texas Border", Texas State Historical Society, 1997

Tijerina, Andres, "Tejanos and Texas under the Mexican Flag, 1821-1836", Texas A&M University Press, 1995

# APPENDICES

# APPENDIX 1

# A Summary of Don Bernardo's Brilliant Career

- Few Texas heroes have had such a successful, productive career
- Notwithstanding his eleven-year exile in Natchitoches, Louisiana, he achieved the following positions and honors:
- Lieutenant colonel in the Texas Army, 1811
- Chief general, Texas Army
- Revolutionary minister (envoy) to the U.S. Government
- Commanded his troops in several battles:

  Nacogdoches

  La Bahía (Goliad)

  Rosillo (Salado)

  Béxar

  Alazán
- President (governor) of independent state of Texas 1813
- Issued first Texas declaration of independence
- Issued first Texas constitution
- Led Tejano troops in Battle of New Orleans, 1815
- Vice president of Second Texas Republic, 1820
- First governor of Tamaulipas, 1824
- Colonel of the Cavalry of Tamaulipas
- Colonel of the Active Militia of Tamaulipas
- Commandant general of Tamaulipas
- Commandant general (CEO) of the Eastern Interior States:

  Texas, Coahuila, Tamaulipas, and Nuevo León

# APPENDIX 2

## LETTER OF GRIEVANCE ADDRESSED TO STEPHEN H. DARDEN, STATE COMPTROLLER, FROM HISPANIC TEXIAN HEROES, DATED JANUARY 12, 1875

" SIR: WE THE undersigned citizens of this country respectfully address you this communication to remove from your mind what seems to us an unjust impression as regards the application of certain Mexicans for pensions who participated in the Revolution which separated Texas from Mexico. We assert that the following named persons commanded companies at the taking of San Antonio in 1835. On the 20th of October 1835, Juan N. Seguin followed by thirty seven men of Mexican birth, joined on the Salado Creek according to previous appointment, the first Texan forces that gathered in order to oppose the Central Government proclaimed by Santa Anna in violation of the Federal government constitutionally existing. Placido Benavides of (La Bahia) Goliad joined on the same creek with the revolutionary troops with 26 or 28 men, so that at the Battle of Concepcion, the Mexicans who took part in that fight numbered some seventy men if we add some isolated soldiers. Directly after the Concepcion fight it was agreed between the Texian Leaders to put the siege to the city of San Antonio and to remove the camp to the Northern part of the city. But before the removal, Salvador Flores was detailed to the Mexican ranches on the San Antonio River, and Manuel Leal to the Mexican with the object of raising new forces that were very much needed; these two patriots returned soon after, Flores with 15 new men, and Manuel Leal with 26.

A conflict of authority took place at that moment between Juan N. Seguin and Placido Benavides both claiming to be Captain; it was amicably settled in favor of Seguin for the reason that he had raised more men than Benavides, but with the understanding that although Seguin was to be the Superior officer, Benavides would preserve the direct and immediate Command over the men he had brought from Goliad, and that agreement was intended to Manuel Leal and Salvador Flores; as soon as the troops reach their new camp, on the old mill, they were joined by fourteen privates of the old Company of the Alamo for the most part sons of San Antonio who deserted from Mexican forces of Gen. Cos and joined Seguin's Command with arms and baggage. There was not at that time any thing like a muster roll, or a regular register of enlistment; every volunteer who offered his services was readily accepted, and the men joined the party that suit them best, they acted with a liberty that had nothing in common with the disciplining of a regular army: generally the private followed the order of the officer who had brought them to Camp. During the stay of the troops, before San Antonio, several parties of Mexicans joined the patriots; namely, Miguel Aldrete who in company with Mayor Collensworth came from Goliad with twenty odd men; Col. J. C. Neil and Philip Dimmit who arrived also with a Mexican Company raised in Victoria and in the lower country, without counting isolated enlistment that took place every day. In fact, the company of Seguin alone amounted to over one hundred and sixty men on the day of the Storming of Bexar.

After the taking of the place, that company was sent out to protect the people of the Ranches, against the devastation made by the retiring Mexican troops. On their return they found that the Mexican volunteers of Benavides and Dimmitt had left for home, as well as the American patriots. There were not fourteen Americans in San Antonio, after the taking of the place. Col. J. C. Neil had received, first the military Command, but he was soon after superceded by B. Travis who had under his former company and that of Seguin. They continued in active service, for several months and relying on the false report that all was quiet on the Mexican borders, a large quantity of the Mexicans were authorized to retire in order to protect their families against Indian depredations. At the coming of Santa Anna, the company of Seguin had been reduced, and the arrival of the enemy being entirely unsuspected; the most part of the men received the authorization to secure the safety of their families and to join the Texians at the Alamo; it is due to that circumstance that fifteen Mexicans only entered the Alamo with Travis.

At the gathering of the Texian Army at Gonzalez, Seguin had a large Company, in fact the largest of the Army, but it was a new Company quite different from the one he had commanded at the taking of Bexar.

He had above one hundred men; out of whom 25 were detached to protect the invaded population. From 15 to 20 were at the order of Deaf Smith; thirty odd were sent Eastward to escort and protect American families, three men were sick at San Felipe, about ten at least were with the baggage at Harrisburg, four or five remained behind in charge of the horses at the moment of the battle of San Jacinto., so that he mustered only twenty two men, when he was ordered to give the names of those who had actually fought.

We would respectfully remind you that we and our comrades took up arms against our own kindred and country, believing we were right, and now we feel humiliated to find that when we have testified on oath to the services rendered by us and our (own) old companions, many of whom are not only suffering from the infirmities of age but also from extreme poverty that their claims should be disregarded and forced to wait for weeks and months for their pensions, when Americans have been promptly paid upon what we consider no better evidence than our friends have furnished. We feel assured, Honored Sir, that you must have been misled or misinformed as to the parties who have applied for pensions as well as their witnesses, and we address you this communication to disabuse your mind of any prejudice you may entertained, and to assure you that we entertained for you personally the kindest feelings and only ask for our old companions simply justice and nothing more."

*Signed: Juan Jimenes, Ygnacio Espinaso, Martine Maldonado, Ignacio Arocha, Tomas Martines, Narciso Leal, Juan Martines, Antonio Oliva, Estevan Uron, Manuel Montalvo, Crescencio Montes, Pablo Salinas, Quirino Garza, Nepomuceno Flores,* **Juan N. Seguin**, *Antonio Menchaca, Jose Antonio Rodriguez, Antonio Vasquez, Damaso de Los Reyes*

## SONS OF DEWITT COLONY TEXAS

# APPENDIX 3

# Who are the Tejanos?

TEJANOS ARE SPANISH Mexican pioneers that settled the northeastern region of New Spain (Northern Mexico) known as "Tejas" starting in the early to mid-1700s. As such, their culture and language make Tejanos the first citizens of Texas. For this key reason, Tejanos should not be confused with other "Hispanic" sister groups that came later to the United States. Tejanos, and other Spanish Mexicans in the Southwest, never immigrated to the United States since they were already here when Texas became a U.S. state in 1845.

The first Tejanos came here from various cities in Mexico, such as Monclova, Saltillo, Monterrey, Queretaro, Zacatecas, and Veracruz. Modern-day Spanish-surnamed people whose ancestors originated in Texas, New Mexico, Arizona, Colorado, California and other parts of the U.S. Southwest are the product of the strong inter-marriage between the Spanish and Native American people. They are united by Spanish names and language, as well as a common Roman Catholic heritage that is connected by both Old and New World characteristics. Additionally, many Tejanos have Anglo, French, Italian, Irish, German, and many other non-Hispanic names. Our extended family runs deep into Central Mexico, since that is where our ancestors came from.

Early Tejano leaders were *peninsulares* (those who had been born in Spain) or *criollos* (Spanish people who had been born in Mexico). Their *rancho* families also included mestizos (those who were both Spanish and Native American), mulattoes (those who were Spanish and Black, and Native American and Black), and indigenous people (Native Americans). For example, in South Texas, they settled both sides of the Rio Grande in the mid-1700s and therefore many of their *ranchos and pueblos* extended south of the river, beyond the present U.S. Texas-Mexico boundary.

As citizens of New Spain, the first Tejanos swore allegiance to the king of Spain. Then, all Tejanos became loyal Mexican citizens when Mexico gained its independence from Spain in 1821. As the only native-born Texans, Tejanos legitimized the 1836 Texas "Revolution". As such, they were key participants in the Texas War of Independence in 1836 and became citizens of the Republic of Texas.

Although part of the victorious army of General Sam Houston, they were not accepted as equals by the new Anglo majority. When Texas was admitted to the union in 1845, Tejanos in Texas became U.S. citizens. Sadly, Tejanos suffered an additional heartbreak.

The new political boundary became a permanent Mason-Dixon Line that forever split close-knit families in two. Tejano families on Mexico's side of the Rio Grande remained Mexican citizens. Even today, many Mexican citizens on the Rio Grande's southern bank can trace their family roots to Texas.

Early Tejanos belonged to a rare breed of people. They heavily relied on their Roman Catholic faith. Strong of body and mind, they were men and women of principle and discipline.

Of great faith, strength of character, and determination, they willingly ventured into the unknown harsh wilderness of present-day South Texas and thrived. Those are the Spanish Mexican pioneer qualities that make Tejano descendants very proud of their unique heritage.

Modern-day Tejanos are those people whose family roots go back to the first Tejano families (1700s-mid-1800s).

While a significant number of their descendants and culture remain in Texas, especially South Texas, Tejanos now live around the world.

oOo

# CONSTITUTION

First Independent State of Texas of the Mexican Republic
San Fernando, April 17, 1813

1. The province of Texas shall henceforth be known only as the State of Texas, forming part of the Mexican Republic, to which it remains inviolably joined.

2. Our Holy Religion will remain unchanged in the way it is now established, and the laws will be duly executed unless they are expressly and publicly revoked or altered in the manner herein prescribed.

3. Private property and possessions will be inviolable, and will never be taken for public use except in urgent cases of necessity, in which instances the proprietor will be duly compensated.

4. From today henceforward personal liberty will be held sacred. No man will be arrested for any crime without a formal accusation made in the proper form under oath being first presented. No man will be placed before the Tribunal without first having been examined by the witnesses. Neither will any man be deprived of life without having been heard completely [in court], an exception being made from this rule during the time of the present War in the case of criminals of the Republic, whose punishments will be decided by the junta in accord with the Governor in order to assure the firmness of an Establishment and to protect the people.

5. The Governor selected by the Junta will be Commander-in Chief of the military force, of the State, but he will undertake no campaign personally without having received the order of the Junta. In such a case, the Governor will provide the necessary

means for maintaining the obligations of Government during his absence. Also under his charge will be the establishment of laws pertaining to the organization of the Army, the naming of military officials, and, the ratifying of the commissions and ranks of those already employed. He shall be entrusted with the defense of the Country, foreign relations, execution of the laws, and preservation of order. He will have a right to one secretary, two aides-de-camp, three clerks for the Spanish language, and one for English.

6. The salaries of the Governor and the other Civil and military officials will be fixed as promptly as possible and will be assured by law.

7. There shall be a Treasurer whose function shall be to receive and to preserve intact the Public Funds, keeping them at the disposal of the Government.

8. The City of San Fernando will be the seat of government and the residence of all public officials. It will be governed by two mayors and four District Commissioners selected by the Junta.

9. The *Cabildo* will be entrusted with the policing of the interior of the city and will have all the authority necessary to fulfill its purpose. The mayors shall each have power to judge cases in their jurisdiction and shall appoint the necessary officials and indicate the days for the hearing. Their judgments shall be governed by the established law on the individual cases.

10. Each town in the State will be governed by a military officer named by the Governor, and this officer will be required to follow whatever rules are deemed necessary by the Junta.

11. It shall be the obligation of the *Cabildo* and the military commandants [of the towns] to present to the Governor an exact census of the population of their respective districts and to establish schools in each city or town.

12. The Junta shall have the power to dismiss any officials it has nominated should it deem such a procedure necessary.

13. There shall be a Superior *Audiencia*, which will be composed of a Judge well versed in law appointed by the Junta. He will have the functions of taking the necessary measures for maintaining peace and good order, of trying all criminal cases, of deciding cases in which the sentence or amount in controversy exceeds 1000 pesos. This tribunal will name its officials, fixing the time and place of its session, and its emoluments will be determined by laws set up for that purpose. It will be the duty of the tribunal in trying persons accused of murder to name five of the most discreet and intelligent citizens of the district who shall swear to perform their duty in justice both to the State and to the defendant, and to assist the Judge in reaching a fair verdict. It shall also be the duty of the tribunal to establish a code of criminal law and methods of procedure, so that all crimes might have their respective punishments and might be clearly and promptly defined. Once approved by the Junta, this will be the law of the Land and will be published for the benefit of the People. No one shall be punished for having committed any crime or offense which the law has not provided for.

14. Any change or alteration in the laws in force at present will be effected by the Junta and will be made known to the People.

15. The Junta will meet to hold its sessions in the capital one day each week, or oftener if some matter is urgent. It shall preserve all powers granted it by the people, and will have as its obligation to keep close watch and care diligently for the welfare of the State, to alter or amend these regulations that becomes necessary, to preside in matters dealing with war and the various branches of foreign relations, and finally, to do everything in its power for the benefit of the great cause of Mexican independence.

16. The Junta will take notice of any enemy property found within its jurisdiction and will resolve whatever it deems fitting with regard to it.

17. The Commander-in-Chief, Governor-elect of this State, will use every available means and will do everything in his power to

facilitate the carrying out of all obligations contracted by him in the name of the Mexican Republic.

18. The Junta, with the Governor of the State, by common agreement will proceed to the election of the necessary number of delegates to the general Mexican congress and to foreign countries.

City of San Fernando, April 17, 1813.

(Signed) José Bernardo Gutiérrez de Lara

*The above is a translation from a manuscript copy from the original sent by José Bernardo Gutiérrez to William Shaler which he enclosed in his report of May 14, 1813 to Secretary of State Monroe. The manuscript is in the archives of the State Department, Washington D C.*

## SONS OF DEWITT COLONY TEXAS

# Food For Thought . . .

We Americans have yet to really learn our own antecedents . . .
Thus far, impress'd by New England writers and schoolmasters, we tacitly abandon ourselves to the notion that our United States have been fashion'd from the British Islands only . . . which is a very great mistake.

Walt Whitman, 1883

oOo

## It is time to:

(1) Realize that Texas and the Southwest are in New Spain; not in New England;

(2) Recognize that Texas history is truly bi-lingual and bi-cultural; and

(3) Write Texas history in a seamless manner from the Spanish arrival in 1519 to the present. Only then will people see that the Spanish Mexican roots of Texas run deep.

José Antonio López, 2013

# INDEX

## J

Jackson, Andrew 65, 94
Jefferson, Thomas 48
Jesus Villarreal, Jose de 18, 46, 54
Jimenez, Jose Mariano. *See* Jimenez,
   (General)
Jose Antonio, (Father) 25, 39, 62, 70, 71,
   75, 77

## L

La Bahia 67
   battle of 54, 65
   siege of 46
Lipan Indians 79, 84

## M

Madison, James 41, 92
Martinez, Cosme 18
Menchaca, Jose Miguel 38, 54, 55
Mexico 34, 42, 50, 59, 65, 88, 92
   first emperor of 69
Monroe, James 42, 48, 52, 77, 92
Morelos, (Father) 69
Morelos y Pavón, Jose Maria Teclo.
   *See* Morelos, (Father)

## N

Nacogdoches 67, 83
   battle of 44, 45
Native Americans 25, 183
New England; new override 21
New Spain 17, 25, 40, 42, 67
Nuevo Leon 62, 81, 82
Nuevo Santander 40

## O

Old Mexico; old override 20

## P

Pedraza, Manuel Gomez 84
Perez, Ignacio 68

## R

Refugio 86
Republicans 44, 45, 53, 61, 64
   army 34, 45, 46, 48, 53, 55, 65
Revilla 17, 26, 33, 43, 46, 54, 78, 88, 89, 92
Rousseau, Jean-Jacques 48
royalists 33, 34, 35, 39, 44, 45, 46, 55, 60, 61

## S

San Antonio. *See* San Fernando de Bexar
Sanchez, Nicasio 79, 84
Shaler, William 45, 52, 53
Spanish Army 47, 48, 53, 69, 75
Suarez, Enrique C. 80

## T

Tamaulipas 20, 77, 78
Tarahumaras 67
Tejano Empire (Tijerina) 21
Tejanos 33, 55, 56, 65, 88, 93
   revolutionary movement 55
Texas 34, 38, 39, 42, 44, 48, 53, 66, 67
   as an independent state 49, 63, 94
   declaration of independence 49, 91, 93
   first constitution of 49, 88
   first provisional state of 48
   restoration of Spanish order in 60
   Spains rule on 55
Tijerina, Andres
   Tejano Empire 21
Toledo, (Commander-in-Chief) 52, 53,
   54, 65
Toledo y Dubois, Jose Alvarez de. *See* To-
   ledo, (Commander-in-Chief)

## U

Uribe de Gutierrez, (Dona) Ignacia 17
Uribe de Gutierrez, Maria Josefa 25, 71, 80
Uribe de Gutierrez, Maria Rosa 25

Made in the USA
Lexington, KY
30 June 2019